UTILISER
LES PLANTES MÉDICINALES
À BON ESCIENT

DE ROGER MOATTI
Président de l'Institut d'enseignement de Phytothérapie
et de l'Association mondiale de Phytothérapie

Aux éditions Maloine

La Phytothérapie
(MOATTI — FAURON — DONADIEU)
Guide Pratique de Phytothérapie
(FAURON — MOATTI — DONADIEU)

Aux éditions Marabout

Guide Marabout des Plantes-Médicaments
(MOATTI — DELUCHEY)
Le vrai secret de la santé: les oligo-éléments
(MOATTI)
Comment rester jeune
(MOATTI — PARIENTI)
Guide Marabout des médecines douces
(MOATTI et groupe de médecins)
Guide familial des médicaments
(MOATTI — DELUCHEY — KANTER)
Maigrir par les plantes et les oligo-éléments
(MOATTI)

Chez d'autres éditeurs

Les Médecines différentes
(MOATTI et groupe de médecins)
Éditions du Dauphin
Le Bréviaire du Phytothérapeute
(MOATTI)
Éditions Vigot
Apprenez à connaître votre cœur
(MOATTI)
Éditions AMP

Dr ROGER MOATTI

UTILISER LES PLANTES MÉDICINALES À BON ESCIENT

Préface du Pr Maurice Jacob

Albin Michel

« Médecine ouverte »
Collection dirigée par Mireille Ballero

© Éditions Albin Michel S.A., 1990
22, rue Huyghens, 75014 Paris.

Tous droits réservés. La loi du 11 mars 1957 interdit les copies ou reproductions destinées à une utilisation collective. Toute représentation ou reproduction intégrale ou partielle faite par quelque procédé que ce soit — photographie, photocopie, microfilm, bande magnétique, disque ou autre —, sans le consentement de l'auteur et de l'éditeur, est illicite et constitue une contrefaçon sanctionnée par les articles 425 et suivants du Code pénal.

ISBN 2-226-03759-4

Sommaire

PRÉFACE 9
INTRODUCTION 13
QU'EST-CE QUE LA PHYTOTHÉRAPIE ? 19
L'UTILISATION DES PLANTES MÉDICINALES 45
MALADIES DE L'APPAREIL DIGESTIF 49
MALADIES DE L'APPAREIL CARDIO-VASCULAIRE 79
MALADIES DES BRONCHES ET DES POUMONS 103
MALADIES DES VOIES URINAIRES 113
MALADIES DE L'APPAREIL GÉNITAL DE L'HOMME 119
MALADIES DE L'APPAREIL GÉNITAL DE LA FEMME 125
MÉNOPAUSE 133
GROSSESSE 139
MALADIES RHUMATISMALES 145
MALADIES DE LA PEAU ET DES PHANÈRES 153
MALADIES DU NEZ, DE LA GORGE ET DES OREILLES 181
MALADIES DES YEUX (OPHTALMOLOGIE) 193
STOMATOLOGIE 199
TROUBLES NERVEUX 211
TROUBLES MÉTABOLIQUES 221
OBÉSITÉ-MAIGREUR 233
VIEILLISSEMENT 239
INTOXICATIONS 245
CONCLUSION 251
ADRESSES UTILES 258

Préface

Écrire en 1989 un ouvrage dans le domaine de la Phytothérapie peut conduire soit à la facilité, soit à la spécificité très marquée. Dans les deux cas il y a autant d'écueils pour l'auteur. Dans la première hypothèse on vulgarise une thérapeutique avec toutes les imperfections et les dangers que cela représente, désintéressant les professionnels de la Santé, incitant à l'automédication les non-initiés. Dans la deuxième possibilité une limitation du nombre des lecteurs constitue un risque pour l'auteur.

Réussir le mariage de l'information technique, de la réponse à apporter à diverses manifestations par des thérapeutiques variées dont l'emploi du végétal, tout en indiquant les conseils pratiques, les limites des utilisations, sans tomber dans l'art de la recette, est une performance qui me paraît atteinte par le docteur Roger Moatti, dans cet ouvrage.

En ouvrant son livre au public, dont il est à l'écoute permanente dans ses problèmes journaliers et ses comportements, mais aussi aux professionnels du monde médical et pharmaceutique, le docteur Moatti a été obligé de synthétiser les connaissances en ce domaine pour faire de la plante le lieu de communication entre le patient et l'interlocuteur médico-pharmaceutique.

À l'analyse il semble bien que l'essentiel dans cette relation soit de faire admettre au patient son problème, sa maladie, son état, pour qu'il se prenne en charge, mais aussi pour le faire adhérer à une démarche thérapeutique que le médecin doit pouvoir choisir, démarche qui épousera le mieux la responsabilité, la psychologie, l'intelligence et la culture du patient.

Ceci bien évidemment sous-entend que le médecin agisse en fonction des connaissances qu'il a acquises.
Il s'agit donc d'un véritable équilibre.
À cet égard il n'existe bien entendu qu'une Médecine et qu'une Pharmacie, mais qui englobent de multiples approches de la relation malade-corps médical, que les hommes et femmes de santé se doivent de connaître et que les universités devraient se décider à enseigner.
Une de ces approches passe par le règne végétal qui s'exprime en Médecine et en Pharmacie par de nombreux éclairages dont la Phytothérapie, l'Aromathérapie ou la Gemmothérapie notamment.
Pourtant il peut s'agir la plupart du temps de l'emploi d'un même végétal, défini une fois pour toutes dans sa forme et ses caractéristiques botaniques et chimiques. Seule la manière de l'utiliser diffère et, malgré ce, une réponse positive est généralement apportée.
Le végétal peut donc soigner, il peut guérir, il peut aussi tuer.
Globalement il ressort que par sa structure biochimique, la plante possède des potentialités considérables, différentes selon les schémas d'intégration de ce végétal dans le cycle biologique de l'Homme et selon la forme galénique retenue.
Nous pouvons schématiquement avancer qu'il existe une vision symptomatique des problèmes thérapeutiques, une vision d'équilibre selon le modèle de la médecine asiatique, une vision de médecine de terrain qui prend en considération l'individu dans ses réactions neurovégétatives et hormonales notamment.
C'est donc que les constituants des végétaux sont biodisponibles et peuvent agir.
Il est remarquable en effet de constater qu'une même plante peut servir d'aliment, de condiment ou de médicament selon les modes d'utilisation ou les parties végétales employées et selon les intentions recherchées. Dans ces diverses éventualités, le même végétal peut donc jouer un rôle préventif ou un rôle curatif.
C'est cet ensemble de faits que pour ma part j'appelle la Phytologie médicale et pharmaceutique®, qui globalise

l'ensemble des potentialités du végétal dans son utilisation thérapeutique en particulier, et que le docteur Moatti a su présenter dans son ouvrage avec toute la force de sa persuasion et de sa compétence.

Ce document constitue donc le maillon complémentaire à l'œuvre du docteur Moatti qui, en développant des cycles de formation médicale et pharmaceutique tant en France qu'à l'étranger, mais aussi en participant à des émissions de radio, de télévision pour l'information du public, s'est mis au service de la Santé dans le plus grand intérêt de nos diplômés et du patient.

MAURICE JACOB
professeur de pharmacie galénique
Faculté de pharmacie
Montpellier

Introduction

J'ai toujours considéré la curiosité comme une des qualités majeures du médecin. En effet, il ne suffit pas, pour ce dernier, d'écouter simplement les plaintes de son patient. Il doit aller beaucoup plus loin, l'interroger sur son environnement, sa famille, ses antécédents, son travail, ses loisirs, etc., pour se faire une idée de la personne dans sa totalité et pouvoir ainsi instituer une thérapeutique non seulement du symptôme, mais également de tout le terrain. J'aurai l'occasion de revenir sur cette notion.

Cette curiosité ne doit pas s'arrêter à la porte du cabinet de consultation, mais elle doit s'exercer au-dehors, car elle permet de mieux comprendre nos semblables, et de pouvoir nous situer les uns par rapport aux autres. Ceci est bien sûr valable pour tout le monde et pas seulement pour le médecin. Si ceux qui nous gouvernent, en particulier, quelle que soit leur tendance politique, passaient un peu plus de temps incognito dans la rue, le métro, les magasins, ils seraient surpris, je pense, des conversations qu'ils entendraient et se feraient une opinion plus juste sur les aspirations et les besoins réels de leurs concitoyens...

J'aime, pour ma part, observer, écouter les personnes qui s'arrêtent pour échanger quelques mots sur le trottoir, ou dans l'escalier avec leur concierge, leurs voisins. J'aime les regarder dans les boutiques, sur les marchés, dans les divers lieux publics; la poste et les services administratifs représentent à cet égard un point d'observation privilégié. Les gens y sont plus ou moins bien reçus et les réflexions pertinentes qu'ils font me vont droit au cœur.

De cette écoute fréquente du public, il ressort qu'il y a deux sujets essentiels de conversation : le temps et la santé.

Je passe sur le premier, qui ne pourrait nous intéresser dans le cadre de ce livre, que dans la mesure où l'on constate effectivement une influence des conditions météorologiques sur le caractère et même sur la santé.

Mais je voudrais insister sur le deuxième, puisque ce domaine me concerne plus personnellement ; cela commence en général par un banal : « Comment allez-vous ? » lancé comme une formule de politesse. L'interlocuteur prend la question pour argent comptant et se met à raconter tous les petits maux des derniers jours... C'est amusant, parce que souvent on assiste au récit de la consultation médicale, à l'éloge ou à la critique du médecin — la critique la plus fréquente étant : « Il ne m'a même pas écouté ! » l'éloge : « Il m'a examinée très longuement, m'a bien indiqué le régime que je devais suivre », etc.

Fréquemment, les personnes donnent aussi leur appréciation sur les médicaments. Quoi de plus normal ! Elles sont au premier rang pour juger de l'effet favorable ou des réactions secondaires que ceux-ci peuvent entraîner.

Ces conversations, je les écoute sans me lasser depuis quarante ans. J'ai pu ainsi constater une évolution pendant ces dix dernières années. En effet, les gens parlent de plus en plus des nouvelles approches thérapeutiques : acupuncture, mésothérapie, homéopathie, phytothérapie, oligo-éléments, etc. Malheureusement, pour certaines de ces disciplines, les médecins qui les pratiquent n'étant pas assez connus du public (nous verrons pourquoi tout à l'heure), ce dernier s'adresse souvent à des non-médecins.

Je vois aussi sur les marchés de nombreuses plantes « exotiques » vendues par des marchands qui vantent leurs propriétés exceptionnelles — pour le sommeil ! pour la vie sexuelle ! pour la remise en forme ! et j'en passe... — en les vendant à prix d'or.

Ce qui n'a pas fini de me surprendre, c'est la crédulité de certaines personnes qui achètent n'importe quoi plutôt que d'aller chez un pharmacien ou un herboriste, ou encore de demander conseil à un médecin phytothérapeute. Quand on voit les conditions matérielles qui régissent la vente de ces plantes miracles, présentées généralement en vrac, sur un torchon plus ou moins propre étalé à même le sol, on ne peut qu'être dérouté, sinon dégoûté !

Souvent d'ailleurs, les patients viennent nous raconter naïvement certaines de leurs mésaventures. J'en ai tant entendu qu'il y aurait de quoi écrire un livre sur ce sujet. Je me contenterai de raconter ici ce seul exemple :

« Vous savez, docteur, l'autre jour j'ai été consulter un magnétiseur dont ma voisine m'avait dit le plus grand bien... J'avais d'abord téléphoné, et l'on m'avait conseillé de passer vers 18 heures, heure à laquelle il n'y aurait pas trop de monde. Lorsque je suis arrivée, j'ai trouvé au moins une vingtaine de personnes qui attendaient leur tour dans l'escalier ! On m'a rassurée tout de suite en me disant que ça allait très vite. En effet, au bout d'une heure et quart, mon tour était arrivé. Le "spécialiste" m'a fait allonger sur une table d'examen ; il a promené son pendule au-dessus de tout mon corps quelques instants et m'a dit : "C'est votre vésicule. Vous avez vraisemblablement des calculs qui vont disparaître grâce à ces gélules." Il m'a remis trois tubes de pilules différentes avec un papier indiquant comment les prendre. J'ai payé 250 francs et je suis repartie sans avoir pu expliquer que ce qui me gênait surtout, c'était des palpitations. J'ai cru que le "spécialiste" avait trouvé la cause de mon mal dans la vésicule grâce à son pendule... Mais j'ai pris toutes ses pilules et c'est toujours la même chose. Alors, docteur, je viens demander votre avis ! »

Pour rassurer cette sympathique patiente, je lui ai d'abord conseillé de faire pratiquer certains examens de sa vésicule biliaire. Ils se sont révélés tout à fait normaux.

J'ai ensuite entrepris un traitement de terrain par les plantes et les oligo-éléments pour ses palpitations, qui n'étaient autres que des extra-systoles banales dues à un certain état d'anxiété, et tout est rentré dans l'ordre petit à petit.

Tout ceci m'a amené, au cours des années, à écrire un certain nombre de livres sur les plantes médicinales et les oligo-éléments, chacun dans une direction particulière, pour répondre à un besoin précis du public. Ce dernier aspire en effet au bien-être ou au mieux-être. Il désire améliorer sa santé et recherche les voies d'une certaine prévention qu'il sait pouvoir trouver au niveau des plantes, des oligo-éléments — et dans la plupart des cas il a raison.

Mais souvent, il ne sait pas à qui demander conseil.

En réalité, il devrait s'adresser à un médecin phytothérapeute. Il y en a d'excellents, diplômés de grandes écoles connues de phytothérapie ou d'oligothérapie, et riches d'une solide expérience pratique.

Cependant, la législation actuelle est ainsi faite que ces médecins ne peuvent indiquer leur orientation phytothérapique : les Conseils de l'Ordre répondent en effet, avec une belle logique, que la phytothérapie devrait faire partie de l'arsenal de tout médecin ; que tout généraliste devrait la pratiquer ; qu'elle ne peut donc être considérée comme une spécialité.

Il y a là quelque chose de paradoxal : en effet, l'Académie de Médecine, dans son récent rapport sur les médecines dites « douces », a indiqué qu'elle ne considérait comme valables que la phytothérapie et la diététique qui ont fait leurs preuves de tout temps ; mais elle a par contre émis les plus grandes réserves sur l'homéopathie, qu'elle aurait tendance à considérer comme un placebo jusqu'à preuve du contraire — preuve qui devrait être apportée par des expérimentations cliniques. Or, les médecins exerçant l'homéopathie sont parfaitement autorisés à mentionner « orientation homéopathique », tandis que les médecins phytothérapeutes, eux, ne peuvent indiquer leur orientation ni sur leurs plaques ni même dans les annuaires téléphoniques !

Cette position a pour conséquence le fait qu'un grand nombre de malades, induits en erreur par défaut d'une information correcte, a recours à la médecine illégale, et je reviendrai tout à l'heure sur la gravité du fait.

Le patient se trouve ainsi parfaitement désorienté, à moins qu'il n'ait la chance d'obtenir l'adresse d'un phytothérapeute grâce au « bouche à oreille » (qui fonctionne bien, Dieu merci !) ou qu'il connaisse l'existence de certaines Associations de défense de consommateurs disposant de ces renseignements pour leurs adhérents.

Je viens d'évoquer longuement le problème qui se pose

au public et j'essayerai dans ce livre de lui apporter certains conseils pratiques sur la façon d'utiliser à bon escient les plantes médicinales, mais aussi quelques mises en garde.

Mais cet ouvrage s'adresse aussi à tous les « professionnels » du monde médical et paramédical — médecins, dentistes, pharmaciens, biologistes, kinésithérapeutes, infirmières, sages-femmes — qui pourront trouver ici des renseignements intéressants sur cette approche thérapeutique que constitue l'art d'utiliser les plantes médicinales [1].

Les médecins, s'ils sont déjà phytothérapeutes, verront dans ce livre comment le public perçoit le traitement par les plantes. S'ils ne le sont pas, ils pourront se familiariser avec les rudiments essentiels de la phytothérapie et si, comme je le pense, ils sont convaincus de la place considérable que doit tenir cette approche thérapeutique dans notre arsenal, ils compléteront leurs connaissances par une formation appropriée.

Les pharmaciens, beaucoup plus rompus à cet art de par leurs études théoriques et pratiques, trouveront ici une application thérapeutique moderne et en tireront des conseils valables pour tous ceux qui les consultent en premier recours.

À l'intention des dentistes, nous avons fait figurer un chapitre réservé à la stomatologie et à l'art dentaire, avec un éventail assez large de conseils et de formules.

Les biologistes seront intéressés par l'explication de l'aromatogramme, examen biologique qui peut constituer une aide précieuse à certaines prescriptions, en permettant de tester l'effet de diverses essences de plantes sur des patients atteints d'affections chroniques ou aiguës.

Les kinésithérapeutes utiliseront pour leurs massages une des nombreuses formules à usage externe indiquées dans les divers chapitres de ce livre.

Les infirmières verront comment se servir de certaines

---

1. Le docteur Moatti a publié de nombreux manuels destinés aux membres des professions médicales et paramédicales ; leur liste figure en début d'ouvrage. (N.d.E.)

plantes en applications locales pour les pansements (cicatrisation des plaies, ulcères variqueux, brûlures, etc.).

Enfin, j'ai réservé tout un chapitre à la grossesse, qui pourra intéresser particulièrement les sages-femmes.

Qu'est-ce que la phytothérapie ?

Ayant ainsi donné un rapide aperçu du contenu de ce nouveau livre, nous allons maintenant développer un certain nombre de notions qu'il importe de bien connaître si l'on veut se servir des plantes médicinales.

Il s'agit d'abord de définir avec précision le sujet qui nous intéresse, à savoir la phytothérapie.

Sa définition est simple, tirée de son étymologie : ce mot provient du grec phyto (*phuton*) qui veut dire plante et *thérapeueîn* : qui veut dire traitement. La phytothérapie consiste donc en l'utilisation des plantes médicinales pour prévenir ou guérir les maladies.

Cette définition est précise ; elle nécessite cependant qu'on y revienne pour éviter tout malentendu. En effet, il n'est pas rare de constater que pour de très nombreuses personnes (y compris du corps médical et paramédical), il y a confusion entre phytothérapie et homéopathie. Or, il s'agit là de deux approches tout à fait différentes de la thérapeutique. Je n'en citerai pour exemple que trois points par lesquels ces deux manières de soigner se distinguent :

— *l'ancienneté* : avec la phytothérapie, on a un recul de plusieurs millénaires ; l'homéopathie a été introduite en France il y a à peine deux cents ans ;

— *les éléments utilisés* : la phytothérapie n'emploie que les plantes médicinales ; l'homéopathie a recours aux trois règnes : minéral, végétal, animal ;

— *la posologie* : celle de la phytothérapie est « classique », et s'exprime en centigrammes ou en grammes ; celle de l'homéopathie est infinitésimale au point que, à partir de certaines dilutions, on ne retrouve aucune trace du produit initial. On doit avoir recours à la théorie de la dynamisation pour expliquer que le remède est actif.

Loin de nous l'idée de minimiser l'homéopathie, mais il était nécessaire de faire cette mise au point pour éviter certaines confusions trop fréquentes.

Une autre définition est particulièrement importante, c'est celle du médecin phytothérapeute. Il s'agit d'un médecin qui, devant un état pathologique particulier, et *à valeur thérapeutique égale*, choisit plutôt la phytothérapie qu'une autre méthode thérapeutique. Cette notion est capitale car elle permet une déduction majeure : le médecin phytothérapeute conserve bien entendu dans sa prescription l'ensemble des médicaments de synthèse dont il a pris connaissance au cours de ses études ou de sa formation post-universitaire. Ces médicaments ont permis de sauver des millions d'individus et ont droit à toute notre reconnaissance. Mais il ne les utilise qu'à bon escient. Je m'en explique : si ce médecin se trouve devant un cas où un traitement par les plantes peut donner les mêmes résultats que celui par les molécules de synthèse, il choisira les plantes. En effet, aux doses usuelles, les effets secondaires de ces dernières sont pour ainsi dire négligeables alors qu'avec les médicaments dits « chimiques » ou « allopathiques », on observe souvent des réactions qui, pour avoir été souvent exagérées par les médias, n'en existent pas moins. C'est ce que l'on appelle la iatrogénèse. J'aurai l'occasion d'y revenir.

Une douceur trompeuse...

Depuis une bonne dizaine d'années, on a vu pleuvoir un certain nombre de qualificatifs accolés au terme « médecine », et ce pour qualifier des approches thérapeutiques autres que la prescription dite « courante », « habituelle » ou « classique ». Ainsi parle-t-on de médecines « douces », « naturelles » ou « parallèles »... Je voudrais ouvrir ici une parenthèse à propos de ces appellations qui me semblent impropres et ne correspondent pas à la réalité, mais qu'on utilise néanmoins, n'ayant pu se mettre d'accord sur une dénomination officielle.

Passons en revue ces différents termes :

— *Médecines « douces »* : en quoi une technique comme la mésothérapie peut-elle être appelée douce ? J'ai assisté, par curiosité, à plusieurs séances de mésothérapie : c'est toujours relativement douloureux. Les injections entraînent souvent de petits saignements. En outre, on peut aussi bien injecter un extrait de plante que de la cortisone !

L'acupuncture est une technique souvent douloureuse également. L'adjectif « doux » ne semble guère pouvoir s'y appliquer.

Les homéopathes quant à eux affirment que, pris sans indications et sans précautions, leurs remèdes peuvent être dangereux et provoquer une réactivation de la maladie. Où est la douceur ?

Quant aux plantes médicinales, il en existe de très toxiques comme la Belladone, la Ciguë, la Digitale, le Gui, et bien d'autres ; sans parler de certaines huiles essentielles qui, prises inconsidérément, peuvent entraîner des accidents sévères.

Première conclusion : quelle que soit la « douceur » évoquée, évitons l'automédication sauvage !

— Venons-en à l'appellation de *médecine « naturelle »* : elle semble sous-entendre quelque chose d'écologique, des produits mis à notre disposition par la douce Nature... Mais en dehors des vaches et autres animaux qui broutent l'herbe « naturelle », tous les produits que nous ingérons n'ont rien de naturel, dans la mesure où ils ont subi une transformation (ne serait-ce que la simple tisane, type décoction par exemple, où l'on fait bouillir la plante avec de l'eau pendant plusieurs minutes). Je ne parle même pas des produits homéopathiques qui ont subi divers traitements (dynamisation, etc.), et encore moins des méthodes comme la mésothérapie ou l'acupuncture qui n'ont à mon sens rien de « naturel ». Le fait de piquer déclenche en effet un grand nombre de réactions avec de multiples sécrétions internes...

— Le terme très répandu de *médecines « parallèles »* me semble tout aussi inadéquat. Il ferait allusion à des thérapeutiques qui se seraient développées « parallèlement » aux traitements qui se veulent classiques. Or, si on veut ne considérer que la phytothérapie, ce serait plutôt l'inverse qui s'est produit : à savoir que ce sont les thérapeutiques « modernes », « chimiques », qui ont été mises en place parallèlement à la phytothérapie, laquelle existe depuis que le monde est monde. Et très fréquemment, on a synthétisé des molécules se trouvant déjà dans les plantes et dont on connaissait parfaitement l'action, comme la Digitale par exemple.

Pour ma part, j'ai une certaine réticence à utiliser quelque terme que ce soit. En effet, je considère le médecin comme ayant une formation de laquelle résulte un bagage thérapeutique qui constitue un Tout. Ce Tout a plusieurs facettes et ce n'est que lorsqu'un diagnostic précis a pu être posé que, parmi toutes les armes dont il dispose, le médecin pourra choisir celle qui lui semble convenir le mieux à l'état de son patient. On peut, artificiellement, considérer que dans son arsenal le médecin dispose d'une artillerie lourde qu'il réservera à des cas nécessitant cette utilisation. Mais il a également des armes légères, dont essentiellement la phytothérapie, la nutrithérapie, qu'il préférera pour soigner d'autres cas.

Après quarante ans de contacts quotidiens avec les malades, je considère en ce qui me concerne que dans 60 à 70 % des cas, on peut utiliser les armes légères pour le plus grand bien du patient.

Nécessité du diagnostic

Ceux qui ont lu attentivement les lignes précédentes ont pu remarquer une petite phrase qui peut paraître banale, anodine. En réalité, il s'agit d'une bombe à retardement : *« ce n'est que lorsqu'un diagnostic précis a pu être posé... »* Ceci signifie qu'effectivement, le moment crucial de la consultation est celui où va être *posé le diagnostic*. Et ce n'est qu'à partir de ce moment-là que le médecin pourra choisir la conduite à tenir, c'est-à-dire le traitement, quel qu'il soit.

Ceci constitue une évidence première. Il en découle que, bien entendu, seul le médecin étant habilité de par sa formation à porter un diagnostic, seul il pourra conseiller la thérapeutique, quelle qu'elle soit (fût-elle appelée « douce »). Combien de « phytothérapeutes », non-médecins, ont voulu soigner leurs semblables sans avoir la formation nécessaire ! Combien d'erreurs de diagnostic ! Combien de traitements indiqués à tort et à travers ! C'est cela l'exercice illégal de la médecine. Un médecin averti a parfois du mal à porter un diagnostic précis ; il doit s'entourer d'un grand nombre de précautions ; ceci est valable, bien entendu, même pour les grands professeurs. Des cas difficiles existent ; ils nous laissent parfois soucieux plusieurs jours jusqu'à ce que l'évolution vienne nous confirmer que nous avions raison. L'art médical est difficile. La santé est une chose trop sérieuse pour être abordée n'importe comment.

Que sera l'avenir de la médecine lorsque demain seront abolies les frontières ? Les législations ne sont pas les mêmes dans les différents pays d'Europe. J'espère que sera prise en compte essentiellement la santé du malade.

Le rôle majeur du médecin ayant été ainsi souligné, il ne faut pas mésestimer celui du pharmacien. Il faut même y insister. En effet, le pharmacien constitue souvent ce que j'appelle le « premier rempart ». C'est à lui que, fréquemment, s'adresse en premier le public pour un conseil. Cela peut aller de la simple hygiène corporelle : « Quel shampooing utiliser pour des cheveux secs ou pour des pellicules ? » jusqu'au conseil médical : « Je ressens ceci ou cela, que me conseillez-vous ? » C'est là que le pharmacien devra faire preuve de prudence et faire appel à tout son savoir. Dans certains cas, les choses peuvent à l'évidence paraître anodines (digestion un peu lente, ballonnement). Le pharmacien, après s'être assuré qu'il ne semble pas y avoir « anguille sous roche », va pouvoir proposer un remède, le plus souvent des plantes médicinales. Encore faut-il qu'il indique que si les troubles persistaient, il faudrait consulter le généraliste. Ailleurs, le cas lui paraît d'emblée dépasser sa compétence. Il mettra alors en garde le patient et lui conseillera de consulter son médecin traitant.

Le pharmacien, comme le médecin, joue donc bien un rôle majeur dans le domaine de la santé.

Les formes galéniques[1]

Nous avons commencé à nous familiariser avec les plantes médicinales et nous avons pris connaissance d'un certain nombre de principes fondamentaux.

Il nous faut maintenant apprendre à nous servir de ces plantes. La première question qui peut se poser pour un « novice » est en effet la suivante : « J'ai appris que l'Aubépine était une plante remarquable pour les palpitations ; comment l'utiliser ? »

J'ai indiqué précédemment que contrairement aux animaux, nous ne mangions pas les « herbes ». La plante doit subir un traitement avant d'être utilisée.

La forme la plus courante et la plus anciennement connue est la *tisane*. Elle fait appel à une partie de la plante ou à la plante entière. C'est une très bonne forme d'utilisation de la phytothérapie. Mais encore faut-il savoir préparer une tisane. Il y a, à ce propos, plusieurs choses à connaître.

D'abord, le type de tisane ; il en existe essentiellement deux :
— l'infusion,
— la décoction,
et éventuellement, dans certains cas, la macération.

— L'*infusion* consiste à ajouter une certaine quantité de plante à une quantité donnée d'eau qui vient de commen-

---

1. Ce mot vient de Galien, médecin grec du IIe siècle dont la doctrine médicale fit autorité jusqu'au XVIIe siècle. On appelle « galénique » ce qui, dans la pharmacie, se rapporte à la transformation des substances médicinales en remèdes sous diverses formes.

cer à bouillir et que l'on a retirée aussitôt de la source de chaleur ; on laisse ainsi en contact plante et eau pendant une durée qui peut varier de cinq à vingt minutes selon la plante (en recouvrant le récipient pour éviter la déperdition de chaleur). Ensuite, on filtre et on boit l'infusion.

En général, ce sont les parties dites « nobles » de la plante qui servent à faire une infusion, à savoir les fleurs, les sommités fleuries, bref, les éléments tendres.

— La *décoction*, quant à elle, consiste à faire bouillir ensemble la plante, ou la partie de la plante, et l'eau. Ici aussi, on met une quantité déterminée de plante dans une quantité précise d'eau. La durée de la décoction peut varier également de cinq à vingt minutes ; elle peut être suivie d'une courte infusion de cinq à dix minutes.

Ici, on utilise les parties dures de la plante telles que racines, rhizomes, bourgeons, écorces, etc.

— La *macération* est une forme particulière de la préparation précédente. Ainsi, après avoir fait la décoction, on retire de la source de chaleur et on laisse macérer pendant plusieurs heures. C'est un procédé plus rarement utilisé (deux exemples de macération : l'Harpagophytum, le Fenugrec. Nous y reviendrons).

J'aurai l'occasion tout au long de ce livre de vous indiquer un certain nombre de formules de tisanes, avec leurs utilisations.

Tisane « confort » ou médicament ?

Henri Leclerc, qui a été un des grands maîtres de la phytothérapie pendant la première moitié du XXe siècle, avait coutume d'insister sur la nécessité d'une concentration minimale de plante pour que la tisane ait une véritable valeur thérapeutique. Il s'élevait contre ces tisanes « de confort, qui consistent à jeter quelques feuilles dans un océan d'eau chaude ».

Ces tisanes, si elles peuvent flatter notre palais, voire notre estomac, ne sauraient en aucun cas avoir une action thérapeutique. En effet, il faut un minimum de concentration pour que suffisamment de principes actifs puissent être retrouvés dans la tisane (qu'il s'agisse d'une infusion ou d'une décoction).

Il est bon de rappeler que, pendant les siècles précédents, les médecins prescrivaient des *apozèmes*. Il s'agit d'un terme peu usité de nos jours, mais il est intéressant d'en reprendre la définition. Je retranscris celle donnée dans le Larousse en six volumes de 1928 : « Du grec *apozema* : bouillon. Décoction de substances végétales. Les apozèmes sont des liquides possédant une certaine activité thérapeutique et destinés à être pris en une ou plusieurs fois, à des heures indiquées par le médecin, ce qui les distingue des tisanes, généralement anodines et que le malade peut boire à volonté. »

Les apozèmes étaient très concentrés, parfois jusqu'à 20 %, voire 30 % (ce qui signifie 200 à 300 g de plantes pour un litre d'eau). On voit donc qu'il n'y a aucun rapport avec les tisanes de confort où l'on jette négligeamment deux ou trois feuilles dans un litre d'eau.

Nos tisanes thérapeutiques actuelles n'ont cependant pas la concentration des apozèmes. En effet, nous indiquons en moyenne de 2 à 7 ou 8 % (c'est-à-dire de 20 à 70 ou 80 g pour un litre d'eau) selon les plantes envisagées.

La question nous est souvent posée : faut-il prendre la tisane froide ou chaude ? Eh bien, je répondrai : cela dépend des cas. Une tisane prise par exemple après le repas pour améliorer la digestion se devra d'être chaude.

Par contre, si vous prenez par exemple une tisane tout au long de la journée, dans un but de drainage ou pour la circulation, ou pour les rhumatismes (cette liste n'est pas restrictive), vous pouvez la boire froide. Mais si, par goût, vous préférez boire chaud, vous pouvez la réchauffer.

Une recommandation importante : n'achetez pas n'importe quoi et n'importe où sous prétexte que c'est une plante, que c'est donc « écologique », « naturel » et que cela ne peut que vous faire du bien.

Le mieux est d'acheter chez le pharmacien ou l'herboriste. En effet, non seulement il s'agit d'hommes de l'art, mais encore ils ont obligation morale et professionnelle, lorsqu'ils se procurent les lots de plantes, de s'adresser à des maisons au sérieux reconnu, qui fournissent pour chaque plante une fiche signalétique vérifiable. Ainsi cela évite-t-il l'absorption de plantes dont on ne connaît pas la provenance et qui peuvent souvent vous faire plus de mal que de bien.

Un autre aspect de la provenance des plantes : celles que l'on cueille soi-même. Si je suis tout à fait favorable à ce que ceux qui disposent d'un jardin puissent cultiver des plantes médicinales et s'en servir à bon escient, je suis beaucoup plus réservé en ce qui concerne les plantes que l'on rencontre sur les chemins, etc., et que l'on croit reconnaître. Je rappelle qu'il est des végétaux dangereux dont l'absorption peut être mortelle ; que chaque année, on relève un certain nombre d'accidents en rapport avec l'ingestion de plantes toxiques confondues avec des plantes comestibles.

Pour ne citer que quelques exemples, les baies de la Morelle noire (plante courante, poussant sur les bords des chemins) sont parfois confondues avec les baies du Cassis ; les feuilles découpées de la petite Ciguë (plante éminemment dangereuse) peuvent être prises pour celles du Cerfeuil ; les baies de Belladone (dont l'absorption de trois ou quatre d'entre elles peut entraîner la mort) ne sont pas distinguées des cerises noires ; sait-on que tout simplement les noyaux des fruits de divers arbres de la famille des Rosacées (Abricotier, Cerisier, Pêcher, Prunier...) contiennent des amandes riches en certains produits chimiques (hétérosides cyano-génétiques) et que l'ingestion de quelques amandes pour un enfant peut être mortelle ?

Donc un conseil : expliquez bien à vos enfants et petits-enfants les dangers qu'ils risquent de courir en portant à la bouche ce qu'ils peuvent rencontrer sur leur chemin.

Je pense en avoir assez dit ainsi, en ce qui concerne les tisanes.

Progrès oblige, nous avons aujourd'hui à notre disposition de nombreuses autres formes galéniques. Je vais surtout développer celles d'utilisation courante, quotidienne. Je citerai plus rapidement les autres, à titre d'information.

La poudre

La poudre de plante est obtenue par broyage, pulvérisation et tamisage de la plante entière ou d'une partie de la plante.

On peut utiliser directement la poudre mise dans des gélules. Mais elle peut aussi servir à la préparation d'autres formes galéniques.

La poudre contient l'ensemble des principes actifs de la plante. Son inconvénient est son « encombrement ». C'est-à-dire que si on veut obtenir un résultat thérapeutique, on doit ingérer souvent plusieurs grammes de poudre par jour, d'où un nombre important de gélules (chaque gélule ne peut contenir qu'environ 0,350 g à 0,400 g).

D'où l'intérêt des *extraits secs*. Ils résultent de l'évaporation jusqu'à consistance sèche d'une solution obtenue en traitant une poudre de plante par un véhicule vaporisable tel que éther, alcool, ou eau. On obtient sous un faible volume une concentration en principes actifs de trois à quinze fois supérieure à celle de la poudre.

Cas particulier du *nébulisat* : il s'agit d'une variété d'extrait sec obtenue par un procédé de dessication très rapide, consistant à sécher un véritable brouillard de particules, émis par un atomiseur, à l'intérieur d'une chambre de séchage parcourue par un courant d'air chaud.

Les extraits secs et les nébulisats sont utilisés dans des gélules. Ils contiennent la plus grande partie des principes actifs de la plante ; certains, cependant, sont détruits par la dessication, ce qui explique que pour la même plante et selon l'effet thérapeutique recherché, nous utiliserons plutôt la poudre ou l'extrait sec.

Je prends un exemple pour mieux me faire comprendre, celui de la Prêle. Cette plante, par l'ensemble de ses minéraux, a un très bon effet reminéralisant. Mais elle possède aussi certains principes actifs qui lui confèrent une très bonne action diurétique. Si je veux utiliser l'effet reminéralisant, je conseillerai la poudre de prêle (certains minéraux peuvent être détruits par la dessication permettant d'obtenir l'extrait sec). Si je veux utiliser l'effet diurétique, j'utiliserai plutôt le nébulisat, beaucoup plus concentré en principe actif déterminant l'effet diurétique et non détruit par la dessication.

En ce qui me concerne, dans la majorité des cas, j'ai recours dans mes prescriptions aux extraits secs pour leur haute concentration en principes actifs. Je dirai cependant que les laboratoires qui fournissent les extraits secs aux pharmaciens ont le droit de « couper » ces extraits avec une poudre inerte pour essayer de pallier certains problèmes de conservation. Cela est très bien si la proportion de poudre inerte ajoutée est minime. Mais si, comme j'ai pu l'observer dans certains cas, cette proportion était très importante, la concentration en principes actifs par rapport au poids réel du mélange s'abaisserait considérablement, au point de faire perdre tout intérêt à l'utilisation de l'extrait sec.

C'est dire la difficulté de faire de la phytothérapie et la nécessité d'une grande honnêteté de la part des fabricants qui doivent inscrire très clairement la concentration réelle de leur extrait en principes actifs.

Depuis quelques années, notre arsenal thérapeutique s'est trouvé enrichi par l'apparition des *suspensions intégrales de plantes fraîches (S.I.P.F.)*. Ces S.I.P.F. sont obtenues grâce à un procédé original de conservation par le froid, permettant le blocage des réactions enzymatiques et la préservation de l'intégralité des drogues végétales fraîches. Ici aussi, on retrouve tous les principes actifs de la plante.

Les suspensions intégrales de plantes fraîches sont prescrites à raison de une à quatre « mesures » par jour. La « mesure » est représentée par une petite cuillère de 2 cl délivrée avec le flacon. Elles se prennent toujours diluées dans un verre d'eau ou une tasse de tisane.

Les extraits fluides

Ils tenaient une grande place dans la prescription à l'époque d'Henri Leclerc. Sous notre impulsion, entre autres, ils ont été refabriqués à une large échelle par les laboratoires après que nous en avons confirmé le grand intérêt thérapeutique.

Il faut savoir qu'un gramme d'extrait fluide correspond à un gramme de plante sèche.

La gemmothérapie

La gemmothérapie est une branche de la phytothérapie qui considère les vertus thérapeutiques de tissus végétaux très jeunes (gemmes), en pleine croissance : bourgeons frais, radicelles, jeunes pousses, écorces de tiges ou de racines...

Elle utilise des *macérats glycérinés*, qui résultent de l'action dissolvante de la glycérine diluée sur ces tissus. Ils correspondent, au départ, au $1/20^e$ de leur poids de plante sèche ; mais après filtrage, ils sont dilués au $1/10^e$ dans un mélange eau + alcool + glycérine. On obtient ainsi la première dilution décimale hahnemanienne utilisée en homéopathie. Ainsi écrit-on par exemple :

Crataegus oxyacantha Bourgeons Mac. Gly. 1 D

Les teintures mères

Elles sont obtenues par macération dans l'alcool à différents titres de plantes fraîches, de plantes fraîches stabilisées, ou très rarement de plantes sèches.

Les teintures mères désignées par les initiales TM, que l'on retrouvera fréquemment dans ce livre, correspondent au $1/10^e$ de leur poids de plante déshydratée (à l'exception du Souci des jardins ou Calendula).

Ces deux dernières formes (TM et macérats glycérinés) se prescrivent en gouttes à prendre dans un verre d'eau.

Qu'est-ce que la phytothérapie ?

Formes moins usitées

Nous citerons également :

— *Les extraits mous :* le procédé de préparation est le même que celui des extraits secs, mais on ne poursuit l'évaporation que jusqu'à l'obtention d'une consistance molle.

— *Les teintures :* ce sont des préparations résultant de l'action de l'alcool éthylique sur des poudres végétales. Le titre de l'alcool varie de 60 à 90°. Si, avec les extraits secs et les poudres, on peut avoir une certaine marge dans la quantité de produit prescrit, il n'en est pas de même avec les teintures, où la posologie sera beaucoup plus précise.

— *Les alcoolatures :* le procédé d'obtention sera le même que celui des teintures mais on partira de la plante fraîche et non de la poudre sèche.

— *Les alcoolats :* alors que les teintures comportent tous les principes actifs de la plante, les alcoolats ne conservent que les principes actifs volatils (essences). Ils sont obtenus par distillation des principes volatils d'une substance végétale au contact de l'alcool. Ce sont des solutés alcooliques d'essences.

— *Les hydrolats :* ce sont des eaux distillées. La distillation entraîne les principes volatils de poudre végétale. Les hydrolats sont beaucoup plus odoriférants que les alcoolats.

— *Les intraits :* certaines plantes, une fois cueillies, voient leurs principes actifs modifiés ou annulés du fait d'un certain nombre de réactions chimiques internes qui se produisent après la cueillette. Pour éviter cela, sitôt la récolte effectuée, on fixe ces principes actifs par des vapeurs d'eau chaude qui bloquent les réactions chimiques. Les plantes sont dites alors stabilisées et gardent toutes leurs propriétés.

— *Les sirops :* on les prépare à partir de mélanges de sirops simples avec des teintures, des infusés, des macérations, des sucs.

— *Les sucs :* ils sont obtenus par écrasement au pilon (dans le mortier des pharmaciens), avec ou sans eau, de certaines parties de plantes. On filtre ensuite le produit.

— *Les pommades :* elles sont préparées à partir de poudres, d'extraits ou de parties de plantes fraîches. Les éléments sont inclus dans des excipients ordinaires.

Enfin, rappelons que toutes les autres présentations galéniques (formes sous lesquelles sont prescrits les médicaments) peuvent utiliser des plantes dans leurs compositions. Ainsi :

— *les suppositoires* pourront inclure dans l'excipient des huiles essentielles ;

— *les cataplasmes* contiennent également souvent des plantes (farine de Lin par exemple) ;

— *les cigarettes de plantes* à usage médicinal sont parfois utilisées dans les affections des voies respiratoires comme l'asthme (cigarettes renfermant de la poudre de Tussilage ou des feuilles d'Eucalyptus).

J'insisterai davantage sur deux formes :
— *les extraits glycoliques de plantes fraîches*, qui permettent la préparation d'excellents gels pour la voie externe (nous y reviendrons largement avec plusieurs exemples de formules) ;
— et surtout *l'aromathérapie* (utilisation des *huiles essentielles*).

L'aromathérapie

Elle constitue à elle seule un véritable chapitre. Elle consiste en l'utilisation, dans un but thérapeutique, des essences de plantes, produits volatils retirés des végétaux par plusieurs méthodes :
— entraînement à la vapeur d'eau,
— distillation,
— hydrodiffusion,
— expression,
— ou, très rarement, incision (comme c'est le cas pour le camphre liquide de Bornéo).

Pour l'obtention de ces essences, on peut utiliser diverses parties de la plante :
— les fleurs ou les sommités fleuries,
— les écorces de fruits,
— les graines,
— les fleurs fraîches,
— les baies,
— les boutons floraux,
— les fruits,
— le bois.

Le produit obtenu est appelé *huile essentielle* (en abrégé HE).

Ces huiles essentielles ont des propriétés thérapeutiques remarquables et en particulier antiseptiques, bactéricides, antibiotiques pour certaines.

Souvent, elles sont prises sous forme liquide : un certain nombre de gouttes dans de l'eau ou dans une tisane. Pour ma part, je m'oppose en général à ce mode d'utilisation et je m'en explique : les huiles essentielles ont une certaine causticité et nombreux sont les estomacs qui ne peuvent absolument pas supporter ces essences de plantes qui provoquent alors brûlures, aigreurs, régurgitations acides, etc. Vous n'en serez pas surpris lorsque je vous indiquerai l'expérience suivante : quelques gouttes d'huile essentielle sont mises dans un sac de polyéthylène. On constate au bout de quelque temps (variable selon l'huile essentielle) que le sac est rongé et présente un trou. Que dire alors de notre malheureuse muqueuse gastrique ? C'est pourquoi, pour ma part, je préfère conseiller ces huiles essentielles dans des gélules dites « gastro-résistantes » qui passent la barrière de l'estomac pour ne se déliter que dans l'intestin grêle.

Je ne suis donc pas partisan des méthodes qui consistent à avaler un certain nombre de gouttes d'huile essentielle pure, sur un sucre ou dans une cuillerée de miel. Pour un certain nombre de personnes qui supportent ce mode d'absorption, beaucoup d'autres en retireront pour le moins un désagrément gastrique.

Par ailleurs, de nombreux auteurs ont souligné des accidents survenus avec les huiles essentielles : convulsions, malaises entraînant parfois la mort. Je dois dire que lorsque l'on reprend les observations de ces cas extrêmes, on constate que pratiquement toujours les personnes ont ingéré de *fortes doses* d'huile essentielle, doses très supérieures aux posologies usuelles. Serait-on surpris de voir survenir un accident si au lieu de deux à quatre comprimés d'Aspirine par jour, un patient en absorbait quarante ? Et si cela arrivait, devrait-on retirer le produit de la circulation ? Certes pas ! Il ne faut donc pas crier haro sur le baudet pour les huiles essentielles. Il faut savoir simplement qu'il s'agit de produits non dénués de toxicité à certaines doses, à n'utiliser que sur avis médical et sur ordonnance. Quant aux médecins qui les prescrivent, il faut qu'ils sachent qu'il vaut mieux éviter de dépasser une posologie quotidienne de 0,50 g, toutes huiles essentielles confondues.

Actuellement d'ailleurs, en partie grâce à l'action que nous avons menée dans ce domaine, la plupart des huiles essentielles ne sont délivrées qu'en pharmacie et sur prescription médicale (en tout cas, c'est ainsi que cela devrait être).

Nous verrons à plusieurs endroits de ce livre les effets remarquables de ces huiles essentielles. Il serait donc dommage de s'en passer. Le principal est de les utiliser à bon escient et de toujours veiller à leur qualité. Ici plus que jamais, il importe que le pharmacien soit très rigoureux en ce qui concerne la fiche signalétique que doit fournir le fabricant.

Du fait de leur composition, les essences peuvent se diviser en plusieurs groupes :
— les essences hydrocarburées, c'est-à-dire riches en terpènes (exemple : l'essence de Citron) ; ce sont les plus nombreuses ;
— les essences oxygénées (comme celle de la Menthe),
— les essences sulfurées (comme celle du Cresson).

La qualité des huiles essentielles dépend de nombreux facteurs (procédé d'obtention, mode de conservation, etc.) pouvant faire varier le rendement de 1 à 10. Ceci explique les différences de prix qui peuvent paraître surprenantes pour une même huile essentielle. Il faut toujours se méfier lorsqu'on vous propose des prix trop bas pour certaines essences : la qualité peut s'en ressentir.

Je signalerai que malheureusement, dans certains cas, on peut être en présence d'une huile essentielle falsifiée. Certains procédés de laboratoire peuvent permettre de réaliser cette falsification.

Il faut également observer certaines précautions pour une conservation correcte des huiles essentielles. En particulier, le flacon sera bien bouché et on utilisera des verres colorés pour mettre le produit à l'abri de la lumière.

Comme je l'ai indiqué plus haut, il existe un groupe d'essences dites hydrocarburées, riches en terpènes.

Certains chercheurs ont pensé que dans le but d'améliorer les propriétés antiseptique et bactéricide de plusieurs de ces huiles essentielles, on pourrait leur faire subir certaines transformations par des procédés tels que la *déterpénation*. Celle-ci consiste à extraire les hydrocarbures par une opération relativement délicate pour ne garder que les principes oxygénés. Cette opération réduit considérablement le volume. Ainsi, peut-on passer de 20 litres d'essence à 1 litre, ce qui explique le prix très élevé des essences déterpenées.

Cette déterpénation, pour certains, augmenterait le pouvoir antiseptique de l'essence. Beaucoup d'auteurs, cependant, pensent qu'il vaut mieux utiliser l'essence totale.

Comment utiliser les essences ?

En dehors de l'utilisation par voie interne dans des gélules gastro-résistantes, les huiles essentielles peuvent être utilisées par voie externe :

— *en inhalation :* on fait préparer un soluté qui contient des huiles essentielles et on en ajoute une cuillerée à café dans un bol d'eau bouillante (on retrouvera ce procédé dans le chapitre ORL) ;

— *en frictions :* on peut inclure des huiles essentielles dans des excipients particuliers permettant de les utiliser en frictions. Ainsi, peut-on avoir recours par exemple aux huiles essentielles de Genévrier et de Camomille pour faire des frictions dans les cas de rhumatismes ;

— *par balnéothérapie :* j'ai placé ici ce moyen intéressant d'utilisation des plantes car cette méthode fait souvent appel à différentes formes galéniques (présentations de plantes). La balnéothérapie consiste en l'utilisation de bains dans un but thérapeutique. C'est un procédé très ancien déjà fort prisé dès l'Antiquité. Il existe plusieurs variétés de bains : certains utilisent la boue (bains mous) ; d'autres le sable (bains secs) ; ou encore la vapeur (bains gazeux) ; enfin, les bains liquides. Ce sont ces derniers qui nous intéressent ici.

On peut baigner l'ensemble de son corps ou une partie (demi-bains, bains de pieds, bains de mains, bains de siège). La quantité d'eau que l'on peut mettre dans une baignoire « classique » varie de 150 à 300 l.

Qu'est-ce que la phytothérapie ? 39

Prendre un bain peut sembler une chose banale, certes. Mais prendre un bain à visée thérapeutique nécessite de tenir compte d'un certain nombre de facteurs :

— la température du bain : elle peut aller des bains glacés (exceptionnellement indiqués) aux bains très chauds pouvant atteindre 40° (très rare utilisation également). Plus couramment, on utilise : les bains froids (15 à 22°), les bains tièdes (25 à 30°), les bains chauds (30 à 37°).

— la durée du bain : très brève pour les bains froids (quelques secondes à deux ou trois minutes), de cinq à trente minutes pour les bains tièdes et chauds (les plus courants), de cinq à dix minutes pour les bains très chauds ;

— la fréquence du bain : variable, elle peut aller du bain hebdomadaire au bain quotidien, voire bi-quotidien ;

— les produits ajoutés aux bains : essentiellement, des infusés, des décoctés, des solutés alcooliques.

Le problème des huiles essentielles : de nombreuses personnes ayant appris que l'huile essentielle de Thym avait une action stimulante, y compris par l'intermédiaire d'un bain, pensent qu'il suffit de rajouter un peu de cette huile à l'eau du bain. C'est une grande erreur. En effet, les huiles essentielles ne sont pas solubles dans l'eau. Elles vont se retrouver à la surface du bain, concentrées, et risquent souvent de déclencher des réactions allergiques au niveau de la peau.

Il faut utiliser des solutés alcooliques d'huiles essentielles, qui, eux, pourront être mélangés à l'eau du bain.

> *Quelques exemples de plantes utilisées en balnéothérapie avec leurs indications*
> Il s'agit ici d'infusés ou de décoctions de plantes préparés à partir d'environ 150 g de plantes pour un litre d'eau.
> L'infusion ou la décoction obtenue est versée, après filtrage, dans l'eau du bain :
> — Fenouil : anti-cellulitique,
> — Genévrier : pour les rhumatismes,
> — Lavande : pour le nervosisme et les insomnies,
> — Marjolaine : revigorante,
> — Pin : pour les rhumatismes,
> — Romarin : revigorant et pour les rhumatismes,
> — Thym : revigorant et pour les rhumatismes.
> Signalons également l'utilisation fréquente des algues dans plusieurs directions : cellulite, rhumatismes par exemple.

— *Les diffuseurs d'arômes :* voici encore une autre façon d'utiliser les essences de plantes.

Les diffuseurs sont des appareils qui sont maintenant assez courants. Il en existe de plusieurs sortes.

Cependant, on n'est pas toujours sûr de leur qualité. Et là aussi, il faudra se montrer très vigilant quant à la qualité des huiles essentielles que l'on va utiliser.

On a recours à ces appareils pour désinfecter, assainir l'atmosphère, surtout en période d'épidémies de grippe par exemple.

Pour ma part, je pense qu'il est souvent suffisant de se servir d'une bouilloire ou d'une grande casserole dans laquelle bout de l'eau où l'on ajoute des feuilles d'Eucalyptus.

À l'issue de cette énumération, je voudrais attirer encore une fois l'attention du lecteur sur le danger de toute automédication. Certains s'étonneront de ce qu'un opposant si farouche de l'automédication ait pu écrire tant de livres sur la phytothérapie et même des programmes pour le Minitel ! Je répondrai simplement que j'ai fait ceci dans le souci d'apporter au public l'information la plus juste possible ; j'ai voulu le détourner de la « phytothérapie sauvage » pratiquée par des amateurs non médecins, et indiquer aussi les chemins de la raison. Je sais que nous avons tous besoin parfois d'un peu d'irrationnel, mais attention ! dans ce domaine, point trop n'en faut ! Notre santé est ce que nous avons de plus précieux. Ne la confions pas à n'importe qui !

Dans cette optique, je préciserai encore quelques notions fondamentales :

Notre prescription phytothérapique ne repose pas simplement sur la tradition. Si celle-ci a fait ses preuves dans bien des cas, dans de nombreux autres elle s'est révélée plus que fantaisiste, voire dangereuse... Aujourd'hui, pour chaque plante que nous utilisons, nous connaissons parfaitement sa composition, la formule chimique de ses principes actifs. Ceci nous permet de comprendre son application thérapeutique. Nous avons également de très nombreuses observations cliniques, sans parler de toutes les expériences pharmacologiques pratiquées en laboratoire, les études sur la toxicité, etc. Les plantes sont donc employées comme les véritables médicaments qu'elles sont.

Par ailleurs, on nous pose parfois la question suivante : puisque les principes actifs des plantes médicinales sont bien connus, ne pourrait-on les synthétiser ? Je répondrai : oui, dans certains cas — et l'industrie pharmaceutique n'a pas attendu ce « oui », évidemment, pour synthétiser un grand nombre de molécules d'origine végétale. Nombreux en effet sont les médicaments dits « allopathiques », qui ne sont en réalité que des extraits de plantes. Cela ne les empêche pas d'être de « grands médicaments » et, pour certains d'entre eux, d'être en tête des produits vendus en France.

Où est ici la frontière entre médicaments « chimiques » et médicaments « naturels » ? Une fois de plus, cela souligne que l'on a tort d'opposer artificiellement allopathie et thérapeutiques « différentes », qui non seulement sont complémentaires, mais encore s'interpénètrent et s'enrichissent mutuellement.

Mais souvent, le médecin phytothérapeute préférera la

prescription magistrale, c'est-à-dire « sur mesure », avec des formules adaptées le plus possible à l'état du patient. Cela répond d'ailleurs à une certaine attente de ce dernier.

Le seul écueil peut être la qualité de la matière première. C'est au pharmacien qu'il incombe d'étudier scrupuleusement la fiche signalétique des produits et de veiller lui-même aux moyens et aux délais de conservation. Ce n'est qu'entourés de toutes ces garanties que nous pouvons pratiquer une phytothérapie de qualité.

Les procédés de fabrication et de conservation des spécialités à base de plantes ont fait de grands progrès.

Des techniques modernes de laboratoire sont également venues en aide à notre prescription. Je fais allusion ici à l'*aromatogramme*, dont j'expliquerai brièvement le principe : lorsque vous êtes atteint d'une infection urinaire, par exemple, il est classique que le médecin consulté demande un examen de laboratoire — examen cytobactériologique pour la recherche des germes en cause, et antibiogramme éventuel. Il s'agit très schématiquement d'une méthode qui consiste à ensemencer par le germe en cause un milieu particulier où se trouvent des pastilles imbibées chacune d'un antibiotique différent. Si le germe est sensible à l'un de ces antibiotiques, il va être inhibé. Il y aura donc autour de la pastille imprégnée de l'antibiotique en question un halo représentant la zone d'inhibition de la croissance du germe. Plus cette zone est étendue, plus le germe est sensible à l'antibiotique, donc plus celui-ci aura une action efficace.

On procède de la même manière avec les huiles essentielles pour établir ce que l'on appelle alors un aromatogramme : plusieurs pastilles sont imbibées de différentes huiles essentielles, et selon le halo d'inhibition visible autour d'un germe, il est possible de déterminer par quel(s) type(s) d'huile(s) essentielle(s) ce dernier sera plus sûrement neutralisé.

La prescription est faite au vu de l'aromatogramme, dans les cas chroniques.

Pour les cas aigus, on peut, sitôt le prélèvement effectué,

commencer un traitement de première intention en attendant les résultats du laboratoire, et ensuite modifier éventuellement la thérapeutique.

Au terme de ce premier chapitre, j'espère vous avoir persuadé de deux choses au moins :
— la phytothérapie est une thérapeutique à part entière ;
— c'est une thérapeutique d'application difficile, qui nécessite une sérieuse connaissance en la matière.

L'utilisation des plantes médicinales

La lecture du premier chapitre nous ayant permis d'avoir une idée plus précise de la Phytothérapie, nous allons maintenant envisager les possibilités des plantes médicinales, et leurs limites, bien entendu.

Pour ce faire, je vais passer en revue un certain nombre de maladies. Pour chacune d'entre elles, je ferai un petit rappel descriptif, donnant les caractéristiques essentielles de l'affection. Puis j'indiquerai les plantes principales qui correspondent au sujet envisagé, ou du moins celles qui sont le plus souvent prescrites. Enfin, je donnerai quelques exemples d'utilisation.

Je voudrais à nouveau insister ici sur le fait que toutes ces indications sont données à titre d'information. Il est hors de question de s'en servir en automédication, et plus particulièrement pour des affections sévères comme l'hypertension artérielle, le diabète, l'ulcère d'estomac pour n'en citer que quelques-unes. Il faudra toujours demander conseil à votre médecin phytothérapeute ou éventuellement à votre pharmacien.

Il y a plusieurs manières d'écrire un livre de Phytothérapie :

— Si c'est un livre qui traite essentiellement des plantes, les décrivant une à une et indiquant leurs propriétés majeures, on peut classer ces plantes par familles et développer ainsi ces dernières les unes après les autres avec au sein de chaque famille les plantes essentielles. Ailleurs, les plantes seront traitées par ordre alphabétique ; cette dernière manière de faire permet une meilleure consultation du livre lorsque le lecteur, après avoir lu l'ouvrage, veut seulement un renseignement sur une plante précise.

— Si le livre développe les différentes maladies en indiquant les plantes correspondantes, il peut envisager le corps humain appareil par appareil et, pour chaque chapitre, étudier les différentes maladies. Ou carrément décliner le tout par ordre alphabétique.

Ici, je choisirai par contre, pour préserver une certaine unité, de regrouper les différentes maladies par appareil (digestif, cardiaque, etc.). Le lecteur retrouvera facilement ce qu'il cherche en consultant la table des matières.

Par ailleurs, il n'était pas possible dans le cadre de cet ouvrage de présenter en détail toutes les plantes mentionnées. Nous avons donc opté pour une courte description, à la fin de chaque chapitre, de seulement trois ou quatre des plantes les plus utilisées pour soigner les maladies de tel ou tel appareil.

Maladies de l'appareil digestif

ESTOMAC

Aérophagie

L'aérophagie se caractérise par la présence, en quantité anormale, de gaz dans l'estomac.

Cet air se situe le plus souvent à la partie haute de l'estomac appelée la poche gastrique. Lorsque la quantité de gaz est importante, elle provoque une dilatation douloureuse de l'estomac. Dans certains cas — assez fréquents —, ceci engendre des troubles divers : douleurs dans la région de l'estomac certes, mais aussi à la poitrine, pouvant faire penser à une angine de poitrine (maladie des coronaires). Elle peut entraîner également des troubles du rythme cardiaque, désagréables, à type d'extrasystoles. Associée à l'aérocolie (gaz dans le colon), cela peut aller jusqu'à donner une impression d'étouffement, d'oppression.

L'aérophagie peut être en rapport avec le fait que les aliments sont trop vite avalés, à peine mastiqués. Il faut savoir que le temps buccal pendant lequel les aliments sont mélangés à la salive et bien mastiqués est la première phase de la digestion. Si ce temps est mal respecté, cela va induire des troubles digestifs.

Ailleurs, l'aérophagie est liée au terrain « nerveux » de la personne. L'anxiété, le stress (c'est-à-dire les décharges d'adrénaline dues aux agressions de l'environnement) interfèrent le temps stomacal de la digestion et peuvent être à l'origine d'une aérophagie importante.

Plantes d'utilisation courante

Certaines ont une action directe sur la digestion et l'aérophagie : Badiane, Coriandre, Fenouil, Menthe, Angélique, Origan, Basilic, Cumin, Estragon...

D'autres, sédatives, ont une action indirecte, agissant sur la dystonie neuro-végétative ou « dérèglement nerveux » : Aubépine, Lotier, Passiflore, Tilleul, Valériane, Saule blanc, Pavot jaune de Californie.

Exemples d'utilisation

Sous forme de *tisane* :

— Ayant une action directe sur l'aérophagie : ajouter à un bol d'eau bouillante environ dix étoiles de Badiane. Laisser infuser dix à quinze minutes. Filtrer et boire assez chaud ou tiède après les repas.

— Ayant une action sédative : ajouter à 250 cc d'eau qui vient de bouillir environ 5 g de Passiflore (l'équivalent d'une bonne cuillère à café). Laisser infuser dix minutes. Répartir en deux prises (une après chaque repas).

Sous forme de *gélules* :

— Ayant une action directe sur l'aérophagie et la digestion :

gélules de poudre de Badiane à 0,350 g : prendre deux gélules à la fois dès le début du repas ;

gélules gastro-résistantes d'huile essentielle de Coriandre, d'Estragon, de Menthe ou de Basilic, ou un mélange de ces huiles. Jamais en automédication, toujours sur prescription médicale.

— Ayant une action sédative : gélules d'extrait sec d'Aubépine, de Passiflore ou de Tilleul, dosées à 0,300 g. Deux à trois gélules réparties dans la journée.

Pour ceux qui préfèrent la forme liquide, S.I.P.F. (Suspensions Intégrales de Plantes Fraîches) comme celles d'Aubépine, de Passiflore ou de Mélisse, à raison de deux mesures par jour.

N.B. : Ces conseils peuvent également s'appliquer aux « digestions difficiles ».

On ne manquera pas, bien entendu, de suivre les conseils hygiéno-diététiques d'usage (et en particulier manger lentement et bien mastiquer, la bouche fermée).

Ici, dans l'aérophagie, la Phytothérapie peut constituer le traitement majeur.

Gastrites

Les gastrites sont dues à une inflammation, une irritation de la muqueuse de l'estomac (paroi interne).

Elles peuvent se manifester par des lourdeurs de l'estomac, plus rarement des brûlures.

Les causes en sont multiples :
— absorption d'une substance corrosive : il s'agit d'un accident qui doit être traité en urgence par les méthodes appropriées (lavage d'estomac, etc.) ;
— gastrites allergiques : elles sont dues à une hypersensibilité de la muqueuse de l'estomac à certains aliments ou condiments tels les œufs, les fraises, le vinaigre... ;
— gastrites dites « iatrogènes », c'est-à-dire engendrées par certains médicaments comme l'aspirine et tous les anti-inflammatoires en général. Selon l'intolérance, la réaction peut se produire dès la première prise du médicament ou après un usage plus ou moins prolongé ;
— gastrites dues au tabac, à l'alcool : elles sont également très fréquentes.

Il faudra toujours, bien entendu, essayer de supprimer la cause (aliment, médicament, tabac, alcool).

— Dans certains cas, enfin, la gastrite est d'origine neurovégétative (« nerveuse ») chez les personnes anxieuses ou soumises à des agressions fréquentes.

Maladies de l'appareil digestif

Plantes d'utilisation courante

Certaines à action directe sur la gastrite et la digestion : Réglisse, Fenouil, Badiane, Menthe.
D'autres à action sédative : Saule blanc, Passiflore, Lotier, Mélisse, Mélilot.

Exemples d'utilisation

Une *infusion* composée de : Badiane : 50 g ; Passiflore : 150 g.
Prélever environ 10 g du mélange, qu'on ajoutera à un demi-litre d'eau bouillante. Laisser infuser dix minutes. Filtrer. Boire un grand bol chaud ou tiède après les deux repas.

Gélules :
— de poudre de Réglisse [1] à 0,300 g : une à deux gélules au cours des deux repas ;
— d'extrait sec de Saule blanc ou de Lotier à 0,300 g par gélule : une à deux gélules à la fin des repas.

On peut également utiliser les *S.I.P.F.* de plantes sédatives : Passiflore, Mélisse, Mélilot : une mesure dans la tisane deux fois par jour.

Dans la gastrite, le traitement par les plantes tient une place importante.

---

1. Il faut savoir que certaines personnes ayant une sensibilité particulière déclenchent une hypertension artérielle par la prise de Réglisse. À l'arrêt de l'absorption de cette plante, la tension se normalise.

Hoquet

Ce phénomène bien connu, désagréable lorsqu'il se prolonge, est dû à une contraction brusque du diaphragme, s'accompagnant d'une fermeture brutale de la glotte, qui produit ce bruit inattendu.

En général, le hoquet se répète quatre à six fois, très souvent à la suite d'un fou rire ; il n'a ici aucune valeur pathologique.

Parfois, il peut durer longtemps, survenir très fréquemment dans la journée, entraîner de la fatigue voire de l'angoisse. Il faudra alors rechercher une cause :

— certaines sont banales : aérophagie, aérocolie, hernie hiatale (de l'estomac) ;

— d'autres sont plus graves : tumeurs du médiastin (partie moyenne du thorax), maladies du cœur, de la plèvre, des poumons.

Évidemment, il faudra traiter la cause.

Nous n'envisagerons ici que le hoquet banal mais répétitif, pouvant entraîner une certaine gêne.

Plantes d'utilisation courante

Ce sont surtout les plantes sédatives : Cataire, Menthe, Oranger doux, Passiflore, Mélisse, Valériane.

Exemples d'utilisation

Tisane : une infusion d'Oranger doux.

Mettre 10 g d'écorces d'Oranger doux dans un demi-litre d'eau bouillante. Laisser infuser dix minutes. Filtrer. Boire une petite tasse toutes les quinze minutes (en général, tout rentre dans l'ordre au bout de trois à quatre tasses).

S.I.P.F.: On peut utiliser la Mélisse.
Deux mesures à la fois dans un verre d'eau, à renouveler au besoin une demi-heure après.

Pour le hoquet banal, la phytothérapie représente le traitement majeur.

Nausées, vomissements

La nausée ou « haut-le-cœur » précède souvent le vomissement. C'est un état désagréable, où l'on se sent « barbouillé » selon l'expression populaire.
Le vomissement est une régurgitation consistant à rejeter brusquement par la bouche le contenu de l'estomac.
Il s'agit parfois d'une intolérance alimentaire accidentelle. Mais des vomissements peuvent témoigner d'une maladie de l'estomac ou de l'intestin.
Le traitement par voie buccale s'adressera plutôt aux nausées ; en cas de vomissements, les produits seraient aussitôt rejetés — à moins d'être utilisés tout de suite après le rejet et si les crises de vomissements sont rares.

Plantes d'utilisation courante

Citron, Acore, Menthe, Badiane, Passiflore, Mélisse.

Exemples d'utilisation

Tisane: une infusion de Citron.
Couper un Citron en rondelles. Les ajouter à un demi-litre d'eau qui vient de bouillir. Laisser infuser dix à quinze minutes. Filtrer. Boire par petites tasses.

56 Maladies de l'appareil digestif

S.I.P.F. : de Passiflore ou de Mélisse, dont on pourra ajouter une mesure par tasse de tisane (jusqu'à quatre à cinq tasses par jour).

Ici aussi, dans les nausées banales, les plantes représentent le traitement le plus adéquat.

Ulcère de l'estomac

Il s'agit d'une sorte d'écorchure et perte de substance de la muqueuse de l'estomac. Elle se manifeste en général par des douleurs au creux de l'estomac qui surviennent à heures fixes, après les repas, qui évoluent pendant plusieurs semaines ; puis, survient une période d'accalmie qui peut durer plusieurs mois avant qu'une nouvelle crise ne se déclenche. Les douleurs peuvent être accompagnées de vomissements.
  Les causes de l'ulcère d'estomac sont multiples :
  — alimentation trop épicée ;
  — abus de certains médicaments (anti-inflammatoires en particulier) ;
  — excès de tabac et/ou d'alcool (les deux à la fois étant très dangereux) ;
  — enfin, les agressions de l'environnement (soucis au travail, en famille, etc.), par le stress qu'elles provoquent, sont des causes fréquentes d'ulcère.
  Les complications sont graves : hémorragies ou perforations.

Plantes d'utilisation courante

Ayant une action directe sur l'estomac et la digestion : Réglisse, Badiane, Menthe, Coriandre, Figuier.

Ayant une action indirecte, en agissant sur la « nervosité » : Passiflore, Aubépine, Mélisse, Valériane.

Maladies de l'appareil digestif 57

Exemples d'utilisation

Tisane : décoction de racines de Réglisse.
Faire bouillir 20 g de racines de Réglisse dans un litre d'eau pendant quinze minutes. Filtrer et boire tiède ou froid à raison de quatre à cinq tasses dans la journée.

Gélules :
— de poudre de Réglisse [1] à 0,300 g : deux gélules à la fois avant les deux grands repas.
— d'extrait sec de Passiflore à 0,300 g : trois à quatre gélules réparties dans la journée.

S.I.P.F. de Mélisse, de Valériane ou d'Aubépine : trois à quatre mesures par jour (dans une tisane ou un verre d'eau).

Le Figuier, qui est également une plante intéressante, sera pris en *macérat glycériné* à raison de quarante gouttes trois fois par jour.

Enfin, dans les cas de fortes crises, on pourra avoir recours, uniquement sur avis et prescription médicale, à la *Teinture de Belladone* qui est au Tableau.

**Les traitements seront suivis pendant des durées assez longues (plusieurs semaines et par cures répétées), selon l'intensité des troubles.
La Phytothérapie constitue un traitement adjuvant très intéressant de l'ulcère.**

---

1. Voir note de la page 53 au sujet des risques d'hypertension artérielle consécutifs à la prise de Réglisse.

INTESTIN - CÔLON - RECTUM

Aérocolie

C'est une dilatation des anses intestinales par une accumulation d'air liée à des fermentations.
Une forte aérocolie peut entraîner des troubles en comprimant le diaphragme et les organes avoisinants. On peut avoir une impression d'oppression thoracique ; cela peut aller jusqu'au malaise.
Souvent en rapport avec une mauvaise digestion de certaines catégories d'aliments (charcuteries, féculents, choux, mie de pain mal cuit, parfois les artichauts), l'aérocolie peut témoigner également de maladies plus graves de l'intestin telles que colite, entérocolite, voire même occlusion intestinale.
Ailleurs, il s'agit d'une conséquence du stress.

Plantes d'utilisation courante

Ayant une action directe sur la digestion : Badiane, Bardane, Coriandre, Estragon, Menthe.
Ayant une action sur la dystonie neurovégétative (« nervosité ») : Aubépine, Mélisse, Mélilot, Passiflore, Tilleul.

Maladies de l'appareil digestif

Exemples d'utilisation

Tisanes :
— Ayant une action digestive directe : infusion de Badiane. Ajouter à un bol d'eau bouillante 10 étoiles de Badiane. Laisser infuser dix à quinze minutes. Filtrer. Boire assez chaud ou tiède après les repas.
— Ayant une action sédative : ajouter à 500 cc d'eau qui vient de bouillir 15 g environ de Tilleul (fleurs et bractées). Laisser infuser dix minutes. Filtrer. Boire une grande tasse après les repas.

Gélules gastro-résistantes d'huiles essentielles de Coriandre, Estragon, Menthe (uniquement sur prescription médicale).

S.I.P.F. d'Aubépine, de Mélisse, de Mélilot (chacune isolément ou un mélange des trois) : deux à trois mesures par jour dans la tisane après les repas.

Dans l'aérocolie banale, la Phytothérapie constitue le traitement majeur.

Constipation

C'est une affection courante caractérisée par un ralentissement du transit intestinal, qui a pour conséquence une émission insuffisante ou retardée des selles.

À un certain degré, elle peut être très gênante, avec l'absence d'émission de selles pendant quelques jours. À l'extrême, à la suite d'une longue stagnation, un « bouchon » appelé fécalome peut se former dans le rectum, empêchant tout passage des matières et nécessitant un dégagement mécanique (une sorte de curetage).

Quoique intéressant surtout le côlon, les causes de la constipation sont multiples :
— Certaines sont mécaniques : brides après opérations, coudures anormales du côlon, compression par une tumeur exté-

rieure appuyant sur le côlon ou développement à l'intérieur du côlon d'une tumeur qui rétrécit le passage.
— Il peut s'agir de spasmes du côlon (colite spasmodique). Ici, la constipation alterne souvent avec des débâcles diarrhéiques.
— Ou encore d'une atonie (perte du tonus qui permet au côlon de se contracter).
— Enfin, des causes psychologiques peuvent intervenir : tout le monde connaît la constipation des voyages (changement de régime et d'habitudes). Les dystonies neurovégétatives (« nervosité ») sont souvent à l'origine des colites spasmodiques.

Plantes d'utilisation courante

Ayant une action directe sur l'intestin : Artichaut, Boldo, Bourdaine, Casse, Frêne, Fucus, Guimauve, Romarin, Radis noir, Séné, Serpolet, Sureau. Parmi les fruits : Pruneau, Figue.

Ayant une action sédative, antispasmodique : Lotier, Saule blanc.

Exemples d'utilisation

Tisanes :
— infusion de Serpolet : mettre 10 g de sommités fleuries dans un demi-litre d'eau qui vient de bouillir. Laisser infuser dix à quinze minutes. Filtrer. Boire un bol chaud après les deux repas ;
— décoction de Sureau : faire bouillir 30 g de baies de Sureau dans un demi-litre d'eau pendant quinze minutes. Filtrer. Boire une tasse froide au réveil et au coucher ;
— décoction de Saule blanc : faire bouillir 20 g d'écorces de Saule blanc dans un demi-litre d'eau pendant dix minutes. Laisser infuser cinq minutes. Filtrer. Boire une grande tasse après les deux repas (antispasmodique).

Gélules d'extraits secs :
— un mélange doux : Artichaut, Casse, Frêne, 0,120 g

de chaque en une gélule. Deux à trois gélules le soir au coucher ;
— un mélange plus violent (uniquement sur avis médical) : Bourdaine, Séné, Radis noir, 0,080 g de chaque en une gélule. Une gélule au coucher (mais pas régulièrement).

S.I.P.F. d'Artichaut et Fucus : deux à trois mesures le soir dans une tisane.

La Phytothérapie constitue le traitement le plus adapté des constipations non compliquées.

Diarrhées

Les diarrhées consistent en l'émission de selles trop liquides et fréquentes. Elles s'accompagnent souvent de douleurs abdominales assez vives (coliques) dues à des spasmes intestinaux. Il y a une hyper-sécrétion de la muqueuse intestinale qui donne des selles liquides.

Les causes sont multiples :
— intoxication alimentaire ;
— intolérance spécifique à certains aliments (d'aucuns font des crises de diarrhées à chaque fois qu'ils mangent du fromage par exemple) ;
— diarrhées de putréfaction, malodorantes ;
— diarrhées infectieuses dues à certains germes ; elles sont accompagnées de fièvres ;
— enfin, il faut penser aussi aux diarrhées émotives ou à celles dues à un refroidissement.

En dehors des conseils hygiéno-diététiques ou de certains traitements spécifiques, les plantes seront d'un grand secours.

Plantes d'utilisation courante

Cassis, Myrtille, Bistorte, Caroube, Gingembre, Thym, Sariette, Saule blanc, Lotier.

Exemples d'utilisation

— Pour lutter contre les spasmes intestinaux douloureux :

Tisane : décoction d'écorces de Saule blanc : ajouter 50 g d'écorces de Saule blanc à un litre d'eau. Faire bouillir le tout quinze minutes. Filtrer. Boire plusieurs tasses dans la journée.

Gélules d'extraits secs de Saule blanc et de Lotier (0,200 g de chaque par gélule) : deux gélules à la fois, trois fois par jour.

— Pour lutter contre les diarrhées, on pourra utiliser :

Gélules de poudre de Caroube et de Salicaire (0,150 g de chaque par gélule) : deux gélules à la fois trois fois par jour ; ou d'un mélange de Bistorte et de Myrtille (idem).

Décoction de Pimprenelle : 25 g de plante entière dans un demi-litre d'eau. Faire bouillir le tout quinze minutes. Filtrer. Boire plusieurs tasses dans la journée.

— Pour lutter contre certaines infections, on pourra utiliser :

Gélules gastro-résistantes d'huiles essentielles comme la Sarriette, le Thym, la Cannelle (toujours sur prescription médicale).

Dans les diarrhées banales, accidentelles, la Phytothérapie peut constituer le traitement le plus adapté.

Colites, entérites, entérocolites

Très souvent, participent à l'inflammation aussi bien l'intestin que le côlon.
Il s'agit de spasmes douloureux intestinaux, avec alternance

Maladies de l'appareil digestif 63

de diarrhée et de constipation. Parfois, la fièvre vient témoigner de l'infection.
Les causes peuvent être multiples :
— tantôt il s'agit d'une colite spasmodique chez un anxieux. C'est une localisation fréquente dans la spasmophilie et les troubles neuro-végétatifs ;
— ailleurs, l'origine est alimentaire et il faudra restreindre les crudités, les fritures ;
— il peut y avoir un déséquilibre de la flore intestinale à la suite d'un traitement antibiotique ;
— parfois, il s'agit de parasites intestinaux (lambliase, trichomonas et surtout amibiase intestinale) ;
— enfin, les causes infectieuses ne sont pas rares et parfois très graves.

Plantes d'utilisation courante

Certaines agiront sur les spasmes et la tension nerveuse : Saule blanc, Lotier, Aubépine, Tilleul, Passiflore.
D'autres, sur l'état infectieux : Coriandre, Sarriette, Thym, Origan, Basilic, Serpolet.
D'autres, sur le transit :
— en cas de constipation : Frêne, Boldo, Artichaut, Pissenlit ;
— en cas de diarrhée : Cassis, Myrtille, Bistorte, Caroube, Salicaire, Pimprenelle.

Exemples d'utilisation

— Antispasmodique :
Tisane : décoction d'écorces de Saule blanc : 50 g pour un litre d'eau. Faire bouillir quinze minutes. Filtrer. Boire plusieurs tasses dans la journée.
Gélules d'extraits secs de Saule blanc et de Lotier (0,200 g de chaque par gélule) : deux gélules trois fois par jour.
On pourra également indiquer des *S.I.P.F.* de Passiflore, d'Aubépine : une mesure trois ou quatre fois par jour dans une tasse de tisane.

— Contre l'infection :
On utilise des *gélules gastro-résistantes d'huiles essentielles* de Sarriette, Thym, Serpolet (uniquement sur prescription médicale).

— En cas de poussée de constipation :
On pourra utiliser un mélange de *poudre* de Casse et de Frêne (0,150 g de chaque par gélule) : trois à quatre gélules par jour.

— En cas de diarrhée :
Des *gélules de poudre* de Bistorte et Caroube (0,150 g de chaque par gélule) : six gélules par jour ; ou de Salicaire et Pimprenelle : idem.

En dehors des plantes, on pourra avoir recours avec de très bons résultats aux cures d'*Argile verte*. On procédera ainsi à la préparation : le soir, on ajoute à un verre d'eau une cuillère à soupe d'Argile verte. On laisse reposer toute la nuit. On boit le matin l'eau surnageante. On procède en général par des petites cures de trois semaines.

Dans les colites banales de type spasmodique, la phytothérapie peut constituer le traitement de choix.

Recto-colite hémorragique

Inflammation de la partie basse du côlon et du rectum, cette maladie de pronostic souvent sévère se caractérise par des selles très nombreuses, liquides, sanglantes.
Elle atteint souvent des personnes jeunes.
La cause n'est pas toujours facile à préciser ; on retrouve souvent un déséquilibre neurovégétatif.

En phytothérapie, on prescrira les différents moyens utilisés dans les entérocolites, en en majorant la posologie. On pourra

également conseiller certaines formules de lavements pour traiter localement la muqueuse rectale avec des huiles essentielles.
Dans le cas où surviennent des crises très douloureuses, on pourra utiliser la *Teinture de Belladone* (uniquement sur avis médical et prescription).
Enfin, on pourra également utiliser des plantes renforçant les défenses de l'organisme, comme le Cassis et l'Eleuthérocoque.

Exemples d'utilisation

S.I.P.F. de Cassis : trois à quatre mesures par jour.

Gélules d'extraits secs d'Eleuthérocoque dosées à 0,400 g par gélule. Une le matin et une à midi.

La Phytothérapie constitue ici un traitement d'appoint intéressant des traitements « classiques ».

Parasites intestinaux

Il s'agit surtout de vers intestinaux. Il y en a de nombreuses sortes :
— les vers plats ou cestodes, avec surtout les taenias, qui peuvent atteindre de 3 à 8 m de longueur, mais aussi les bothriocéphales, (plus rares), pouvant atteindre de 10 à 15 m ;
— Les vers cylindriques ou nématodes. On y recense les ascaris (15 à 30 cm), les oxyures (3 à 10 mm), les tricocéphales (3 à 4 cm), les ankylostomes (1 à 2 cm).
Parfois, ces parasites ne font que passer dans l'intestin et sont bien tolérés.
Mais le plus souvent, ils sont à l'origine de nombreux troubles :
— toxiques, dus aux toxines sécrétées par les nématodes ;
— infectieux : les vers déterminent des excoriations sur la muqueuse intestinale. Sur ces régions fragilisées, des germes divers peuvent être à l'origine d'infections intestinales ;
— dans certains cas, les vers se nourrissant uniquement du sang aspiré sur la muqueuse intestinale, il va se produire une anémie ;
— enfin, lorsque les vers sont très nombreux, leur accumula-

tion à certains endroits peut provoquer une obstruction mécanique, créant une sub-occlusion voire une occlusion.

Plantes utilisables pour les taenias

Essentiellement : la Fougère mâle, la Citrouille, le Grenadier.

Mode d'utilisation

La Fougère mâle : on utilise habituellement l'extrait éthéré de Fougère mâle (capsules dosées à 0,50 g). On absorbe le matin à jeun une capsule toutes les dix minutes (dix à douze au total pour un adulte, selon la corpulence). Deux heures après la dernière capsule, on prend une cuillerée à soupe d'huile de ricin pour purger. Repos complet le jour du traitement. La veille et le lendemain de la cure, alimentation légère dépourvue de toute matière grasse.

La Citrouille : on utilise la semence de Citrouille. Elle n'est ni irritante ni toxique. On en absorbe 60 g le matin avec du miel. On avale deux heures après une cuillerée à soupe d'huile de ricin pour purger.

Le Grenadier : on utilise une macération très classique depuis Leclerc : on fait macérer 60 à 90 g d'écorces sèches de Grenadier pendant deux heures dans deux verres d'eau (environ 300 cc). On réduit ensuite à feu doux puis à la fin à grand feu pour arriver à un verre de liquide (environ 150 cc), dont on boira la moitié au coucher et le reste le lendemain matin. Deux heures après la dernière prise, on avalera une cuillerée à soupe d'huile de ricin pour purger.

Plantes utilisables pour les ascaris

La Tanaisie essentiellement, mais aussi la Menthe, le Chou, le Houblon.

Maladies de l'appareil digestif

Exemples d'utilisation

Gélules de poudre de Tanaisie à 0,300 g. On en prendra (pour un adulte et selon la corpulence) six à dix gélules le matin à jeun et ce, trois jours de suite.

On peut y associer une *infusion* de Tanaisie obtenue avec 5 g de semence ajoutés à 200 cc d'eau bouillante. On laisse infuser dix minutes. On la boit en une fois le matin.

Plantes utilisables pour les oxyures

Réglisse, Anis vert, Absinthe, Gentiane jaune, Ail.

Exemples d'utilisation

On fera préparer des petits sachets contenant chacun :
— Poudre de feuilles d'Absinthe : 2 g
— Poudre de Réglisse : 2 g
— Poudre d'Anis vert : 0,50 g

Pendant trois à cinq jours de suite, on versera le matin le contenu d'un paquet dans de la pulpe de pruneaux (à éviter chez les hypertendus).

Dans la majorité des cas, un traitement par les plantes médicinales, bien conduit, peut suffire à éliminer ces parasites.

FOIE - VÉSICULE BILIAIRE

L'insuffisance hépatique

Le foie est un peu le souffre-douleur de notre organisme. Dès que l'on se sent « patraque », que l'on digère mal, que l'on éprouve une gêne abdominale ou une certaine fatigue, que l'on a mal à la tête, aux yeux, etc, le foie tient lieu de bouc émissaire, celui que l'on charge de tous les péchés.

L'insuffisance hépatique est discutée à l'étranger, surtout dans les pays anglo-saxons où l'on dit qu'elle constitue une sorte de fourre-tout.

Cependant, si l'on veut bien se donner la peine de poser un diagnostic précis et bien étayé, on voit que la petite insuffisance hépatique existe bien et qu'elle se traduit par un certain nombre de signes :

— troubles digestifs à type de nausées, de pesanteur dans la région du foie, de dyspepsie (digestion difficile, lourdeurs à l'estomac), de constipation alternant parfois avec des crises de diarrhée ;

— intolérance à certains aliments entraînant des réactions de type allergique : démangeaisons, urticaire ;

— troubles respiratoires (type asthme) ;

— maux de tête fréquents (parfois accompagnés de sensations de vertiges) ;

— on peut aussi noter quelques douleurs articulaires ; on retrouve souvent dans la période qui précède l'apparition d'une jaunisse ce que l'on appelle classiquement la « triade de Caroli » : maux de tête, urticaire, douleurs articulaires.

Il semblerait que ces insuffisances hépatiques soient souvent héréditaires et elles s'accompagnent habituellement de troubles du caractère (irritabilité, etc.). On entend dire de quelqu'un qui est fréquemment de méchante humeur : « Il doit avoir mal au foie. »

Plantes d'utilisation courante

Artichaut, Boldo, Fumeterre, Pissenlit, Romarin, Thym, Chicorée, Cassis, Radis noir, Mélisse.

Exemples d'utilisation

Tisane : une décoction avec un mélange d'Artichaut, Cassis et Pissenlit : on mettra 10 g de chaque dans un litre d'eau. Faire bouillir cinq à dix minutes. Laisser infuser dix minutes. Filtrer. Boire plusieurs tasses dans la journée (quatre à cinq).

Gélules d'extrait sec :
— un mélange de Cassis + Pissenlit (0,150 g de chaque par gélule). Deux gélules aux deux repas ;
— ou de Fumeterre + Artichaut : idem.

Gélules gastro-résistantes d'huiles essentielles : un mélange de Thym et de Romarin (uniquement sur avis et prescription médicale).

Un mélange de *S.I.P.F.* : Artichaut + Pissenlit + Mélisse, une mesure trois ou quatre fois par jour dans une tasse de tisane.

Hépatite virale

Il s'agit d'une lésion de la cellule hépatique entraînant un ictère (jaunisse) dans la plupart des cas.
L'origine est ici infectieuse, virale. Il existe deux sortes de virus : A et B.
La contamination peut se faire par voie orale (absorption par la bouche de quelque chose de souillé) ou par voie parentérale (piqûre intra-musculaire).
L'hépatite A est le plus souvent d'origine orale avec une incubation courte, quinze à trente jours (période entre la contamination et l'apparition des signes).
L'hépatite B, où la contamination est le plus souvent parentérale, a une incubation plus longue (quarante à cent soixante jours). L'évolution de la maladie se fait sur un mois environ, mais il faut savoir qu'un état de fatigue extrême peut durer pendant plusieurs mois.

Plantes d'utilisation courante

Pour la protection de la cellule hépatique : Fumeterre, Artichaut, Pissenlit, Romarin, Boldo.
Pour lutter contre la fatigue et le manque d'appétit : Thym, Angélique, Cassis, Eleuthérocoque, Ginseng.

Exemples d'utilisation

Tisane :
— infusion de Romarin, Thym, Pissenlit : 5 g de chaque pour un demi-litre d'eau bouillante. Laisser infuser dix minutes. Boire trois ou quatre tasses dans la journée. Il s'agit d'une tisane « dépurative ».
— décoction de racines de Ginseng et d'Eleuthérocoque : 10 g de chaque pour un demi-litre d'eau. Faire bouillir

le tout dix minutes. Laisser infuser cinq minutes. Filtrer. Boire une tasse le matin et une à midi. Il s'agit d'une tisane « revigorante ».

Gélules d'extraits secs :
— un mélange de Fumeterre et d'Artichaut pour protéger la cellule du foie (0,150 g de chaque par gélule) : deux gélules à la fois au cours des deux repas,
— un mélange d'Eleuthérocoque et de Ginseng pour l'état de fatigue (0,150 g de chaque par gélule) : une le matin et une à midi.

Gélules gastro-résistantes d'huiles essentielles :
— un mélange de Thym, Romarin, Angélique pour redonner de l'appétit (uniquement sur avis et prescription médicale).

Ici, la phytothérapie constitue un traitement d'appoint majeur, à ne pas négliger.

Cirrhose

La cirrhose se caractérise comme étant en général une maladie d'évolution chronique, en rapport avec un envahissement progressif du foie par une sclérose (processus entraînant un durcissement des cellules nobles du foie avec perte de leurs fonctions principales).
Il existe de nombreuses variétés de cirrhoses et les causes en sont diverses, la plus fréquente étant l'alcoolisme.
Je soulignerai surtout leurs traits communs :
— au début, elles se manifestent par une insuffisance hépatique ;
— le pronostic est souvent grave, avec dans l'évolution la survenue de complications fréquentes : hémorragies, ascite (épanchement de liquide dans le ventre), ictère grave (jaunisse).

Plantes d'utilisation courante

Protectrices de la cellule du foie : Artichaut, Fumeterre, Radis noir, Bardane, Boldo, Thym, Marjolaine, Chardon Marie.
Pour l'état général : Cassis, Eleuthérocoque.

Exemples d'utilisation

Infusion de Chardon Marie (plante entière) : ajouter 25 g à 500 cc d'eau bouillante. Laisser infuser dix minutes. Filtrer. Boire deux à trois tasses par jour.

Gélules d'extraits secs :
— d'un mélange de Boldo et de Radis noir (0,100 g de chaque par gélule) : une gélule au début des deux repas ;
— ou d'un mélange de Fumeterre et de Pissenlit (0,150 g de chaque par gélule) : deux gélules à la fois au début des deux repas ;
— ou, pour l'état général, d'un mélange de Cassis et d'Eleuthérocoque (0,150 g de chaque par gélule) : une le matin et une à midi.

S.I.P.F. : un mélange de Bardane, Artichaut, Pissenlit, une mesure trois à quatre fois par jour dans une tasse de tisane.

La phytothérapie est un traitement d'appoint approprié pour toutes les formes de cirrhoses.

Cholécystite

Il s'agit d'inflammation de la vésicule biliaire. On distingue deux variétés essentielles, les aiguës et les chroniques.

Les cholécystites aiguës surviennent en général comme complication d'une maladie infectieuse ou inflammatoire comme la fièvre thyphoïde ou l'appendicite. Elles peuvent également compliquer une lithiase vésiculaire infectée (calculs de la vésicule biliaire).

La cholécystite aiguë représente une maladie grave pouvant nécessiter une opération chirurgicale d'urgence. Dans certains cas, le malade sera mis en observation et sous antibiotiques, glace sur le ventre et à la diète. Si la crise se calme, on pourra associer un traitement phytothérapique.

Plantes d'utilisation courante

Pour la protection hépatique : Artichaut, Romarin, Fumeterre, Bardane, Pissenlit.

Pour lutter contre l'infection : Cannelle, Thym, Serpolet, Genévrier, Sarriette.

Pour lutter contre l'inflammation : Harpagophytum, Vergerette du Canada, Cassis, Reine des prés.

Exemples d'utilisation

On utilisera plutôt des formes liquides :

Tisane : infusion avec Artichaut (feuilles) et Genévrier (baies) : 10 g de chaque pour 500 cc d'eau bouillante. Laisser infuser quinze minutes. Filtrer. Boire trois à quatre tasses par jour.

S.I.P.F. :
— un mélange de Bardane, Artichaut, Pissenlit pour le drainage du foie : une mesure deux fois par jour dans une tasse de tisane ;
— un mélange de Cassis et Reine des prés pour l'action anti-inflammatoire : idem.

Une forme solide, les *gélules gastro-résistantes d'huiles essentielles* mélangeant par exemple Thym, Cannelle, Serpolet : quantités à fixer par le médecin prescripteur selon les cas.

Enfin, il faut savoir que pendant la période douloureuse, on pourra utiliser la *Teinture de Belladone* avec de bons résultats (ici aussi, la quantité sera fixée par le médecin prescripteur, s'agissant d'une plante dangereuse si utilisée sans les précautions d'usage).

Les cholécystites chroniques sont des états douloureux de la vésicule biliaire qui peuvent survenir sur une vésicule lithiasique (contenant un ou des calculs) ou sur une vésicule non lithiasique.
Les cholécystites chroniques non lithiasiques peuvent avoir plusieurs origines :
— infection intestinale chronique ;
— déséquilibre neurovégétatif (nerveux) entraînant des spasmes douloureux dans la région de la vésicule.

Plantes d'utilisation courante

Antispasmodiques et sédatives : Saule blanc, Lotier, Passiflore, Aubépine, Valériane.
Anti-inflammatoires : Harpagophytum, Vergerette du Canada, Cassis, Reine des prés.
Anti-infectieuses dans certains cas : Sarriette, Thym, Cumin, Estragon.

Exemples d'utilisation

Tisane : une décoction d'écorces de Saule blanc : mettre 20 g pour 500 cc d'eau. Faire bouillir le tout quinze minutes. Laisser infuser cinq à dix minutes. Filtrer. Boire trois à quatre tasses dans la journée.

Gélules d'extraits secs :
— d'un mélange de Passiflore et Aubépine (0,150 g de chaque par gélule) : trois à quatre gélules par jour (action sédative) ;
— d'un mélange d'Harpagophytum (0,200 g) et de Vergerette du Canada (0,150 g) : trois à quatre gélules par jour (action anti-inflammatoire).

Gélules gastro-résistantes d'huiles essentielles pour une action anti-infectieuse : mélange de Sarriette, Thym et Estragon (uniquement sur avis et prescription médicale).

S.I.P.F. :
— un mélange sédatif : Aubépine + Valériane ;
— un mélange anti-inflammatoire : Cassis + Reine des prés.

La phytothérapie tient une bonne place dans le traitement des cholécystites chroniques.

Les cholécystites chroniques lithiasiques : ici, la solution sera le plus souvent chirurgicale. On pourra s'aider avant l'intervention du traitement conseillé pour les cholécystites chroniques non lithiasiques (plantes sédatives et anti-inflammatoires, voire anti-infectieuses).

Après l'intervention, on utilisera les plantes de protection hépatique : Fumeterre, Artichaut, Romarin, Boldo, Chardon Marie... et les plantes pour l'état général : Cassis, Eleuthérocoque, Ginseng.

Pour les exemples d'utilisation, se reporter au chapitre HÉPATITE VIRALE.

Lithiase biliaire

Il s'agit de calculs qui se forment dans la vésicule biliaire. Un cholestérol trop élevé dans le sang en est une cause très fréquente.
Si les calculs sont constitués de cholestérol pur, ils sont peu nombreux, gros. Par contre, si le cholestérol est revêtu de sels de calcium, ils sont en général nombreux, à petites facettes et fréquemment responsables de complications.
La lithiase peut être silencieuse, mais souvent elle se manifeste par des difficultés à la digestion, des intolérances à certains aliments (en particulier : œufs, chocolat, graisses...), ainsi que des nausées, des maux de tête, des diarrhées après les repas.
Enfin, des complications peuvent survenir :
— blocage d'un calcul dans le canal cholédoque (qui conduit la bile de la vésicule vers l'intestin) avec apparition d'une jaunisse (ictère) ;
— infection de la vésicule biliaire ;
— crises de colique hépatique ;
— enfin, cela peut retentir sur les cellules du foie et créer une hépatite chronique.
Dans un certain nombre de cas, une intervention chirurgicale sera de mise. La Phytothérapie, quel que soit le cas, trouvera toujours une place importante, et constituera un appoint au traitement « classique ».

Plantes d'utilisation courante

À visée antispasmodique et sédative : Saule blanc, Lotier, Passiflore, Mélilot, Mélisse, Aubépine.
À visée protectrice sur la cellule hépatique : Artichaut, Pissenlit, Fumeterre, Boldo, Romarin, Badiane.
À visée anti-inflammatoire : Harpagophytum, Cassis, Reine des prés, Vergerette du Canada.

À visée anticholestérol : Gingembre, Harpagophytum, Ail, Oignon.

À visée cholagogue (facilitant l'évacuation de la bile) : Fumeterre, Artichaut, Bardane, Radis noir, Boldo.

À visée cholérétique (facilitant la sécrétion de la bile) : Artichaut, Pissenlit, Bardane.

Exemples d'utilisation

Tisane : anti-inflammatoire et anticholestérol : mettre environ 10 g de racine secondaire d'Harpagophytum dans un litre d'eau. Faire bouillir le tout pendant quinze minutes. Laisser ensuite macérer toute la nuit à froid. Filtrer le matin et boire par petites tasses tout au long de la journée.

Gélules d'extraits secs :
— Gingembre + Harpagophytum (0,150 g de chaque par gélule) : trois à quatre gélules par jour (action anticholestérol) ;
— Artichaut + Fumeterre (0,200 g de chaque par gélule) : deux gélules au début des deux repas (protège le foie et facilite l'excrétion et l'évacuation de la bile) ;
— Saule blanc + Lotier (0,150 g de chaque par gélule) : trois à quatre gélules par jour (action antispasmodique et sédative).

S.I.P.F. :
Cassis + Reine des prés : une mesure trois à quatre fois par jour dans une tisane (action anti-inflammatoire) ;
— Artichaut + Pissenlit + Bardane (idem) : protège la cellule hépatique et facilite l'excrétion et l'évacuation de la bile.

Trois plantes importantes pour l'appareil digestif

☐ L'Artichaut

Il est inutile de présenter l'A-tichaut (Cynara scolymus). C'est un aliment courant qui se cultive dans les régions tempérées. Il appartient à la famille des Composées (tubuliflores).
Les parties utilisées le plus souvent en phytothérapie sont les feuilles. Parmi les principes actifs, il faut insister sur la présence de plusieurs polyphénols dont le mieux connu est la cynarine.
Si l'Artichaut est connu pour ses propriétés sur le foie, qui sont réelles (il est cholérétique, c'est-à-dire qu'il augmente la sécrétion biliaire ; il est cholagogue : il facilite l'excrétion biliaire), on sait moins qu'il s'agit d'un bon diurétique (il augmente le flux urinaire) et encore moins qu'il fait baisser le cholestérol.
C'est donc une grande plante de notre arsenal thérapeutique, que nous utilisons très souvent.

☐ La Badiane ou Illicium verum

Le Badianier de Chine appartient à la famille des Magnoliacées. Il provient du sud de la Chine et du Nord-Vietnam.
La partie utilisée est le fruit, en forme d'étoile à huit branches — d'où son nom plus répandu d'Anis étoilé. On l'indique essentiellement pour le tube digestif et surtout pour l'aérophagie et l'aérocolie. Son principe actif majeur est une huile essentielle à base d'Anethol.

☐ Le Fenouil ou Foeniculum vulgare

Il appartient à la famille des Ombellifères.
On utilise surtout les fruits, la racine et les feuilles. Son huile essentielle est également riche en Anethol.
Le Fenouil est un bon diurétique. Il améliore également la digestion et élimine les gaz de l'intestin. En dehors des formes médicamenteuses, il est conseillé d'en manger cru, en salade.

Maladies de l'appareil cardio-vasculaire

CŒUR ET ARTÈRES

Athérosclérose

Il s'agit d'une atteinte de la paroi interne des artères, surtout de gros et moyen calibre. C'est la paroi qui est au contact du sang. Il s'y forme des dépôts calcaires qui, au début, donnent une simple infiltration de cette paroi. Mais, progressivement, va se former une plaque qui va, petit à petit, grossir, jusqu'à obstruer complètement l'artère, occasionnant alors un accident aigu : la thrombose.

Si cela se passe au niveau d'une artère coronaire (cœur), cela entraîne l'infarctus du myocarde. Au niveau d'une artère du cerveau, cela occasionne une hémiplégie.

Il faut savoir que le processus d'athérosclérose commence très tôt dans le jeune âge : la maladie évolue à bas bruit, sans manifestation importante, jusqu'au jour de l'accident. D'où l'intérêt, dans le cadre de la prévention, de faire pratiquer régulièrement certains examens (dosages des matières grasses du sang, échotomographies de certaines artères) et d'avoir une bonne hygiène de vie et une alimentation saine.

En effet, ces plaques qui vont obstruer les artères sont en rapport direct avec un taux de matières grasses élevé dans le sang, lui-même le plus souvent lié à un déséquilibre alimentaire.

Plantes d'utilisation courante

Harpagophytum, Gingembre, Ail, Oignon, Artichaut, Prêle, Aubépine, Olivier.

Exemples d'utilisation

— Dans le cadre de la prévention de l'athérosclérose :
Dès l'âge de quarante ans environ, on pourra faire des cures, vingt jours par mois, d'Harpagophytum. Cette plante, en dehors de ses propriétés anti-inflammatoires, agit sur le cholestérol, l'acide urique et même le sucre sanguin.
On peut la conseiller sous plusieurs formes :
Tisane (décoction) : ajouter 10 g de racines secondaires d'Harpagophytum à un litre d'eau. Faire bouillir le tout pendant quinze à vingt minutes. Laisser ensuite macérer à froid toute la nuit. Filtrer dès le matin et répartir l'ensemble sur la journée.

Gélules d'extraits secs : plus pratiques d'usage chez les personnes exerçant une activité au-dehors. On utilise des gélules dosées à 0,300 g d'extrait sec et on en prend trois par jour (vingt jours par mois).

Association avec le *Gingembre* : on prendra des gélules dosées à 0,150 g d'extrait sec de chacune des deux plantes, trois à quatre par jour.

La *Prêle* est une plante intéressante compte tenu du taux de silicium qu'elle contient. Les artères atteintes d'athérosclérose sont très pauvres en silicium par rapport aux artères normales. On pourra indiquer :

Tisane (infusion) : ajouter 10 g de Prêle à 500 cc d'eau bouillante. Laisser infuser quinze minutes. Filtrer. Répartir en deux ou trois prises dans la journée.

Gélules de poudre de Prêle : dosées à 0,350 g par gélule : quatre gélules par jour.

S.I.P.F. de Prêle : une mesure deux ou trois fois par jour dans une tasse de tisane.

— Lorsque l'on a découvert déjà certains signes d'athérosclérose on pourra utiliser des traitements réguliers avec : ou des doses plus importantes des plantes précédentes, ou d'autres plantes telles que Ail ou Oignon : les huiles essentielles de ces deux plantes ont une action très efficace sur le taux de cholestérol. On conseillera des *gélules gastro-résistantes d'huiles essentielles* de l'une ou l'autre plante, sur prescription médicale, comme toujours pour les huiles essentielles.

On pourra adjoindre l'Aubépine qui a une bonne action de vaso-dilatation sur les artères :

Tisane (infusion) : ajouter 10 g d'Aubépine (fleurs et sommités fleuries) à 500 cc d'eau qui vient de bouillir. Laisser infuser dix minutes. Filtrer. Boire deux à trois tasses par jour.

Gélules d'extraits secs dosées à 0,350 g par gélule : trois à quatre par jour.

S.I.P.F. : une mesure trois fois par jour dans une tasse de tisane.

Dans le cadre de la prévention, la phytothérapie constitue le traitement le plus adéquat.

Troubles du rythme (palpitations)

Il faut distinguer ce que l'on appelle l'éréthisme cardiaque

(lorsque l'on sent son cœur battre fort mais pas particulièrement vite) des troubles du rythme qui peuvent revêtir plusieurs aspects :
— de la simple extrasystole qui se répète plus ou moins souvent (c'est une contraction prématurée du cœur suivie d'un repos dit compensateur ; donnant l'impression désagréable d'un arrêt cardiaque) ;
— à la grande arythmie complète où le cœur bat d'une manière désordonnée ;
— en passant par les crises de tachycardie.
La phytothérapie s'appliquera surtout à l'éréthisme et aux extrasystoles banales, dans lesquelles les plantes suffiront le plus souvent à ramener le rythme à la normale.

Plantes d'utilisation courante

Certaines sont spécifiques, comme l'Agripaume et surtout l'Aubépine.

D'autres agiront indirectement par leur action sédative. En effet, la dystonie neurovégétative (dérèglement « nerveux ») est souvent à l'origine de ces troubles. Ce sont surtout : Passiflore, Lotier, Mélilot, Tilleul, Pavot jaune de Californie, Mélisse, Valériane, Laitue vireuse.

Exemples d'utilisation

Tisane :
— infusion : ajouter 15 g de fleurs d'Aubépine à 500 cc d'eau bouillante. Laisser infuser dix minutes. Filtrer. Boire deux à trois tasses par jour.
— décoction : ajouter 40 g de feuilles de Laitue vireuse à 500 cc d'eau. Faire bouillir le tout quinze minutes. Laisser infuser dix minutes. Filtrer. Boire deux à cinq tasses par jour.

Gélules d'extraits secs :
— Aubépine (gélules dosées à 0,350 g) : trois à six gélules par jour selon l'importance des signes,

— un mélange de Passiflore et Valériane (0,150 g de chaque par gélule) : deux à trois gélules par jour,
— un mélange de Tilleul et de Pavot jaune de Californie (0,150 g pour le Tilleul et 0,200 g pour le Pavot jaune de Californie par gélule) aide bien à s'endormir : deux gélules au coucher ;
— un mélange de deux poudres : Aubépine + Agripaume (0,150 g de chaque par gélule) : quatre à six gélules par jour.

S.I.P.F. : un mélange d'Aubépine + Passiflore + Mélisse : une mesure trois fois par jour dans une tasse de tisane.

Acouphènes

Certaines personnes perçoivent des sifflements, des bourdonnements, des bruits de cascades ou autres, alors que ces bruits n'existent pas à l'extérieur.
Ces impressions sonores peuvent avoir une cause locale (atteinte de l'oreille). Plus souvent, elles ont une origine générale, dans la majorité des cas, circulatoire : hypertension artérielle, athérosclérose.

Plantes d'utilisation courante

Celles ayant une action favorable sur la circulation : petite Pervenche, Ginkgo biloba, Ginseng, Aubépine, Marron d'Inde.
Celles ayant une action sédative (les acouphènes entraînent souvent un état d'anxiété qui ne fait que majorer les choses) : Passiflore, Lotier, Valériane, Mélisse.
Celles ayant une action sur l'athérosclérose : Harpagophytum, Gingembre, Prêle, Ail, Oignon.

Maladies de l'appareil cardio-vasculaire

Exemples d'utilisation

Tisane :
— une décoction : action sur l'état général et la circulation : le Ginseng ; ajouter 10 g de racines de Ginseng à 500 cc d'eau. Faire bouillir le tout quinze minutes. Laisser infuser dix minutes. Filtrer. Boire une tasse le matin, une tasse à midi ;
— une infusion sédative : ajouter 10 à 15 g de Passiflore à 500 cc d'eau bouillante. Laisser infuser dix minutes. Filtrer. Boire deux tasses par jour.

Gélules d'extraits secs :
— sédatives : un mélange de Passiflore et de Lotier (0,150 g de chaque par gélule) : deux à trois gélules par jour ;
— circulatoires : un mélange de Ginseng et Aubépine (0,150 g de chaque par gélule) : une le matin et une à midi ;
— pour l'athérosclérose : un mélange d'Harpagophytum et de Gingembre (0,150 g pour la première, 0,200 g pour la deuxième) : trois par jour.

Teintures mères (TM) :
— un bon mélange à visée circulatoire : TM de petite Pervenche et Ginkgo Biloba, cinquante à soixante-dix gouttes trois fois par jour.

S.I.P.F. :
— un mélange circulatoire : S.I.P.F. d'Aubépine + Marron d'Inde : une mesure deux à trois fois par jour dans une tasse de tisane ;
— un mélange sédatif : S.I.P.F. de Passiflore + Valériane + Mélisse : une mesure deux à trois fois par jour dans une tasse de tisane.

Les plantes médicinales constituent un bon traitement des acouphènes.

Hypertension artérielle

Il s'agit d'une élévation anormale de la pression du sang dans les artères. Cette élévation peut porter :
— sur le chiffre de la maxima seulement (la maxima indique la puissance d'effort du ventricule gauche) ;
— sur le chiffre de la minima seulement (la minima mesure la résistance dans les vaisseaux à l'écoulement du sang) ;
— ou sur les deux à la fois.
D'après certaines normes, le maximum toléré pour un homme de soixante ans environ se situe à 160-165 pour la maxima, 100 à 105 pour la minima.
L'hypertension artérielle doit être soignée convenablement compte tenu des complications graves qu'elle peut entraîner (infarctus du myocarde, et surtout hémiplégie).
La phytothérapie sera utilisée simplement en complément des traitements allopathiques pour les fortes hypertensions. Dans les cas «limites», elle peut suffire en prescription majeure. Le régime sera toujours de mise.

Plantes d'utilisation courante

Ayant une action directe : Olivier, Aubépine, Ail.
Ayant une action indirecte :
— par leur caractère diurétique (drainage hépato-rénal) : Orthosiphon, Piloselle, Frêne, Bouleau, Prêle, Artichaut, Pissenlit ;
— par leur caractère sédatif : Passiflore, Lotier, Mélilot, Mélisse, Valériane, Tilleul, Coquelicot.
Ayant une action sur le terrain athéroscléreux : Gingembre, Harpagogphytum.

Exemples d'utilisation

Tisanes :
— une tisane diurétique : décoction d'écorces de Bouleau, 30 g pour 500 cc d'eau. Faire bouillir le tout quinze minutes. Laisser infuser dix minutes. Filtrer. Boire deux à trois tasses par jour ;
— une infusion sédative : Valériane + Coquelicot + Tilleul. Mettre 5 g de chaque dans 500 cc d'eau bouillante. Laisser infuser dix minutes. Filtrer. Boire deux à trois tasses par jour.

Gélules d'extraits secs :
— ayant une action hypotensive : un mélange d'Olivier et d'Aubépine (0,200 g de chaque par gélule), trois à quatre gélules par jour ;
— ayant une action de drainage : un mélange de Piloselle et d'Orthosiphon (0,200 g de chaque par gélule), trois à quatre gélules par jour ;
— ayant une action sédative : un mélange de Passiflore, Lotier, Mélilot (0,100 g de chaque par gélule), deux à trois gélules par jour ;
— ayant une action sur le terrain : un mélange de Gingembre et d'Harpagophytum (0,200 g de chaque par gélule), deux à quatre gélules par jour.

S.I.P.F. :
— Ayant une action de drainage : un mélange de Prêle + Artichaut + Pissenlit, une mesure trois fois par jour dans une tasse de tisane ;
— ayant une action sédative : un mélange de Passiflore + Mélisse, une mesure deux fois par jour dans une tasse de tisane.

Hypotension artérielle

Il s'agit d'un abaissement anormal des chiffres de la pression artérielle (en général en dessous de 100/50 chez un adulte).
Certains cas sont en rapport avec une maladie générale qu'il faudra bien entendu soigner (tuberculose, anémie, maladie des surrénales).
Ailleurs, il s'agit d'un trouble «constitutionnel», parfois passant inaperçu, parfois au contraire entraînant des troubles (vertiges aux changements de positions par exemple, états de fatigue).

Plantes d'utilisation courante

Ayant une action sur l'état général : Eleuthérocoque, Ginseng, Cassis, Romarin.
Ayant une action indirecte, agissant en améliorant l'appétit chez les anorexiques (pas d'appétit) : Fenugrec, Angélique, Chardon béni, Gentiane.

Exemples d'utilisation

Tisanes:
— une décoction : Racine de Gingembre et d'Eleuthérocoque, 5 g de chaque pour 500 cc d'eau. Faire bouillir le tout quinze minutes. Laisser infuser dix minutes. Filtrer. Boire une tasse le matin et une à midi ;
— une macération : ajouter le soir 50 g de Fenugrec (graines) à un grand bol d'eau froide. Laisser macérer toute la nuit. Boire en une ou deux fois le matin après avoir filtré.

Gélules d'extraits secs : un mélange de Ginseng et d'Eleuthérocoque (0,100 g de chaque par gélule), une gélule matin et midi.

Gélules de poudre : un mélange de Chardon béni + Gentiane (0,150 g de chaque par gélule), deux gélules avant chacun des deux grands repas.

S.I.P.F. : de Cassis (stimule la cortico-surrénale), une mesure dans une tasse de tisane ou un verre d'eau matin et midi.

La Phytothérapie constitue un traitement valable pour les hypotensions.

Angine de poitrine

L'angine de poitrine se caractérise par des douleurs plus ou moins violentes à la poitrine, survenant parfois au repos, plus souvent à l'effort.
Cette douleur est en rapport avec un trouble de l'irrigation du muscle cardiaque ; elle traduit sa souffrance. Il s'agit le plus souvent d'un débit sanguin insuffisant dans une ou plusieurs artères coronaires.
La phytothérapie sera utilisée comme traitement d'appoint.

Plantes d'utilisation courante

Améliorant la circulation : Aubépine, petite Pervenche, Capucine, Aigremoine, Arnica.
Sédatives : Passiflore, Lotier, Saule blanc, Pavot jaune de Californie, Mélisse.
À visée anti-athérosclérose : Harpagophytum, Gingembre, Ail, Oignon.

Exemples d'utilisation

— Action circulatoire :
gélules d'extraits secs : un mélange de petite Pervenche et d'Aubépine (0,150 g de chaque par gélule) : quatre à six gélules par jour ;
gélules de poudre : un mélange de Capucine + Arnica + Aigremoine (0,120 g de chaque par gélule) : quatre à six gélules par jour.

— Action sédative :
tisane (infusion) : ajouter 15 g de Passiflore (fleurs et feuilles) à 500 cc d'eau bouillante. Laisser infuser dix minutes. Filtrer. Boire deux à trois tasses par jour ;
gélules d'extraits secs : un mélange de Lotier et Saule blanc (0,200 g de chaque par gélule), trois à quatre gélules par jour ;
S.I.P.F. : un mélange de Passiflore et de Mélisse : une mesure deux à trois fois par jour dans une tasse de tisane.

— Action anti-athérosclérose :
gélules d'extraits secs : un mélange d'Harpagophytum et de Gingembre (0,200 g de chaque par gélule), quatre gélules par jour,
Teinture mère (TM) : Allium cepa (Oignon) TM, soixante-dix gouttes trois fois par jour.

Infarctus du myocarde

Lorsque, pour une raison ou pour une autre (spasme coronarien ou obstruction partielle entraînant une diminution de débit), l'irrigation d'une partie du myocarde (muscle cardiaque) ne se fait plus, ce territoire se nécrose, c'est-à-dire meurt. Il ne se

contracte plus. Selon la partie atteinte et l'étendue, les conséquences peuvent être très graves.
Le traitement visera à améliorer la fluidité sanguine, à calmer l'anxiété, à améliorer la circulation coronarienne, à traiter le terrain athéromateux.

Plantes d'utilisation courante

Pour améliorer la fluidité sanguine : Cornouiller sanguin, Amandier, Citronnier, Ail, Oignon, Mélilot.
Pour calmer l'anxiété : Passiflore, Valériane, Tilleul, Mélisse, Lotier.
Pour améliorer la circulation coronarienne : Aubépine, Capucine, Aigremoine, Arnica.
Pour améliorer le terrain athéromateux : Gingembre, Harpagophytum, Ail, Oignon.

Exemples d'utilisation

— Pour améliorer la fluidité sanguine :
un mélange de *macérats glycérinés* (MG) (gemmothérapie) : Cornouiller sanguin (bourgeons) + Amandier (bourgeons) + Citronnier (écorce de tige) : soixante-dix gouttes quatre à cinq fois par jour,
un mélange de *teintures mères* (TM) : Ail + Oignon, soixante-dix gouttes trois à quatre fois par jour ;
une *S.I.P.F.* de Mélilot : une mesure trois ou quatre fois par jour dans une tasse de tisane.

— Pour calmer l'anxiété :
un mélange *d'extraits secs :* Lotier + Tilleul (0,200 g de chaque par gélule), trois à quatre gélules par jour ;
un mélange de *S.I.P.F. :* Mélisse + Passiflore + Valériane, une mesure trois fois par jour dans une tasse de tisane.

— Pour améliorer la circulation coronarienne :
gélules d'extraits secs d'Aubépine (0,400 g par gélule) : trois à quatre gélules par jour,
gélules de poudre : un mélange de Capucine et Aigremoine (0,150 g de chaque par gélule), quatre à six gélules par jour.

— Pour améliorer le terrain athéromateux :
gélules d'extraits secs : un mélange d'Harpagophytum et de Gingembre (0,200 g de chaque par gélule), quatre à six gélules par jour.

Le traitement par les plantes apporte une aide non négligeable au traitement « classique ».

Insuffisance vasculaire cérébrale

Il s'agit d'un ralentissement de la circulation cérébrale qui amène un défaut d'irrigation dans tout ou partie du cerveau. Le plus souvent, cela est dû à un durcissement des artères entraînant un manque d'élasticité.

Plantes d'utilisation courante

Améliorant la circulation cérébrale : Eleuthérocoque, Ginseng, Ail, Oignon, Marron d'Inde, petite Pervenche, Ginkgo Biloba, Noisetier (anti-hémorragique), Cassis.

Exemples d'utilisation

Gélules d'extraits secs : un mélange de Ginseng et d'Eleuthérocoque (0,200 g de chaque par gélule), une gélule le matin, une à midi.

Maladies de l'appareil cardio-vasculaire 93

Teintures mères (TM) :
— un mélange d'Ail et d'Oignon : Soixante-dix gouttes trois fois par jour ;
— un mélange de petite Pervenche et de Ginkgo Biloba : soixante-dix gouttes trois fois par jour.

S.I.P.F. : un mélange de Cassis et de Marron d'Inde, une mesure deux ou trois fois par jour dans une tasse de tisane.

Tisane : une infusion de feuilles de Noisetier. Mettre 15 g dans 500 cc d'eau bouillante. Laisser infuser dix à quinze minutes. Filtrer. Boire deux à trois tasses par jour.

Le traitement par les plantes est en général suffisant (les médicaments « allopathiques » utilisés dans ce cas sont d'ailleurs issus des plantes le plus souvent).

Artériopathies des membres inférieurs (artérites)

C'est une oblitération progressive d'une ou plusieurs artères des membres inférieurs, en général par des dépôts de cholestérol (qui vont former des plaques sur les artères).

Au début, la gêne est minime : fourmillements, lourdeurs aux mollets après un certain temps de marche. Puis les choses s'aggravent : la marche peut devenir presque impossible, la gangrène peut s'installer.

La phytothérapie trouve toute son utilité à la phase initiale, associée à des mesures hygiéno-diététiques (régime pauvre en graisses animales, en sucres rapides, suppression du tabac).

Les stades ultérieurs vont nécessiter des traitements plus importants et parfois des interventions chirurgicales. La phytothérapie pourra alors être utilisée en appoint et en traitement de terrain.

Plantes d'utilisation courante

À visée anti-athérosclérose : Harpagophytum, Gingembre, Ail, Oignon.
À visée antispasmodique et circulatoire : Lotier, Saule blanc, Aubépine, Arnica, Hêtre, Peuplier noir.
Améliorant la fluidité sanguine : Amandier, Cornouiller, Citronnier.

Exemples d'utilisation

— À visée anti-athérosclérose :
gélules d'extraits secs : un mélange de Gingembre et d'Harpagophytum (0,200 g de chaque par gélule), quatre gélules par jour ;
teintures mères (TM) : un mélange Ail + Oignon, soixante-dix gouttes trois fois par jour.

— À visée antispasmodique et circulatoire :
gélules de poudre : un mélange de Peuplier + Arnica (0,150 g de chaque par gélule), quatre à six gélules par jour ;
gélules d'extraits secs : un mélange de Saule blanc + Lotier (0,200 g de chaque par gélule), quatre gélules par jour ;
S.I.P.F. d'Aubépine : une mesure trois fois par jour dans une tasse de tisane.

— Améliorant la fluidité sanguine :
gemmothérapie (*macérats glycérinés*) : un mélange de Cornouiller et Amandier, soixante-dix gouttes trois fois par jour.

VEINES

Varices

Habituellement, les veines ne se voient pas, ou à peine. Lorsque pour une raison ou pour une autre (troubles des valvules de la veine : petits clapets qui empêchent le sang de revenir en arrière, ou troubles de la paroi de la veine, ou, le plus souvent, les deux associés) apparaît une insuffisance veineuse, le sang va stagner dans ces vaisseaux et donner ces dilatations disgracieuses que l'on appelle varices.

Ces varices entraînent le plus souvent des lourdeurs de jambes, des fourmillements, parfois des œdèmes (gonflements des pieds, des chevilles).

La phytothérapie est le traitement médical de base de cette affection. Dans certains cas, on aura recours à la sclérose ou à la chirurgie (il faut que les indications soient parfaitement posées). Mais la phytothérapie sera toujours indiquée soit seule, soit en complément de la chirurgie (avant et après).

Plantes d'utilisation courante

Marron d'Inde, Vigne rouge, Hamamélis, Fragon (encore appelé petit Houx ou Ruscus), Mélilot, Cyprès, Chêne, Citronnier, Mélisse, Cassis, Noyer, Lierre.

Exemples d'utilisation

Tisanes :

— une décoction composée : Aspérule odorante + Noyer + petit Houx + Marron d'Inde. Ajouter 5 g de chaque plante à 500 cc d'eau. Faire bouillir le tout quinze minutes. Laisser infuser dix minutes. Filtrer. Boire un grand bol matin et soir ;

— une décoction simple : ajouter 15 g de galbules (noix) de Cyprès à 500 cc d'eau. Faire bouillir le tout quinze minutes. Laisser infuser dix minutes. Filtrer. Boire un grand bol matin et soir ;

— une infusion simple : ajouter 20 g de feuilles de Cassis à 500 cc d'eau bouillante. Laisser infuser dix à quinze minutes. Filtrer. Boire un grand bol matin et soir.

Gélules d'extraits secs : un mélange de Vigne rouge et de Ruscus (petit Houx) (0,200 g de chaque par gélule) ; quatre à six gélules par jour.

Gélules gastro-résistantes d'huiles essentielles : un mélange de Cyprès, de Mélisse et de Citronnier (uniquement sur prescription médicale).

S.I.P.F. : un mélange de Marron d'Inde et de Mélilot : ajouter une mesure deux à trois fois par jour à une tasse de tisane.

Le traitement local est très important. On fait préparer des gels à base d'extraits glycoliques. Exemple : Marron d'Inde + Vigne rouge + lierre : deux à trois applications par jour.

Ulcères variqueux

L'ulcère de jambe est une complication fréquente des varices.
Survenant le plus souvent à la suite d'un petit coup reçu à la face interne de la partie basse de la jambe (on peut se le porter soi-même avec la chaussure du pied opposé par exemple, ou en heurtant un pied de chaise ou de table), il se présente au début comme une petite écorchure. Mais, assez vite, si on ne le soigne pas énergiquement, cet ulcère superficiel va gagner en profondeur (dans les cas extrêmes, cela peut aller jusqu'à l'os).

Ici, le traitement phytothérapique général rejoint celui des varices, à doses plus fortes. Localement, on utilisera également des gels de plantes.

En dehors des plantes utilisées pour les varices, on utilisera également l'Harpagophytum (pour son action anti-inflammatoire), la Bardane et le souci des jardins ou Calendula.

Parfois, on peut être amené à proposer une greffe chirurgicale.

La phytothérapie constitue un traitement intéressant pour les petits ulcères variqueux.

Phlébites

La phlébite est une maladie relativement grave qui vient compliquer des varices.
Il se produit une inflammation de la veine, avec formation d'un caillot qui bouche ce vaisseau. Le danger vient du fait que ce caillot peut se fragmenter, laissant passer dans la circulation une

parcelle qui peut occasionner une embolie pulmonaire encore trop souvent mortelle malgré l'utilisation des anticoagulants.
La phytothérapie sera un complément des traitements allopathiques.

Plantes d'utilisation courante

Celles améliorant la circulation veineuse : Vigne rouge, Ruscus, Marron d'Inde, Hamamélis, Mélilot, Cyprès, Citronnier, Mélisse, Noisetier.

Celles à action anti-inflammatoire : Harpagophytum, Vergerette du Canada, Cassis.

Celles améliorant la fluidité sanguine : Cornouiller sanguin, Amandier, Citronnier, Ail, Oignon, Mélilot.

Exemples d'utilisation

— Action sur la circulation veineuse :
Tisane : une décoction. Ajouter 15 g de feuilles de Noisetier à 500 cc d'eau. Faire bouillir le tout quinze minutes. Filtrer. Boire deux à trois tasses par jour.
Gélules d'extraits secs : un mélange de Marron d'Inde et de Vigne rouge (0,200 g de chaque par gélule), quatre à six gélules par jour.
S.I.P.F. : un mélange de Marron d'Inde et de Mélilot, une mesure deux à trois fois par jour dans une tasse de tisane.

— Action sur l'inflammation :
Gélules d'extraits secs : un mélange d'Harpagophytum et de Vergerette du Canada (0,150 g de chaque par gélule), quatre gélules par jour.
S.I.P.F. de Cassis : deux à trois mesures par jour dans une tasse de tisane.

— Action sur la fluidité :
Gemmothérapie (*macérats glycérinés* de bourgeons ou de jeunes pousses) : un mélange de Cornouiller + Amandier

+ Citronnier, soixante à quatre-vingts gouttes trois à quatre fois par jour.

Enfin, localement, on pourra appliquer des gels (sans masser ni frotter) fabriqués à partir d'*extraits glycoliques* de plantes anti-inflammatoires et améliorant la circulation veineuse. Exemple : un mélange de Marron d'Inde + Vigne rouge + Harpagophytum + Lierre.

Hémorroïdes

Les hémorroïdes sont dues à une dilatation d'une ou plusieurs veines de la région de l'anus et du rectum.
Elles pourront être internes ou externes ou les deux à la fois.
Elles peuvent être particulièrement douloureuses et dans certains cas entraîner de fortes hémorragies.

Plantes d'utilisation courante

Vigne rouge, Marron d'Inde, Hamamélis, Fragon, Cyprès, Ficaire, Mélilot, Lierre.
Dans les cas douloureux avec inflammation : Harpagophytum, Genévrier.

Exemples d'utilisation

— En cas de forte crise :
Extrait fluide de Marron d'Inde : 50 gouttes que l'on pourra répéter quatre à cinq fois de suite, de demi-heure en demi-heure.

— En traitement de fond :
Gélules d'extraits secs : un mélange de Vigne rouge et de

Marron d'Inde (0,200 g de chaque par gélule), six gélules par jour.

S.I.P.F. : un mélange de Mélilot et de Marron d'Inde : une mesure trois fois par jour dans une tasse de tisane.

— Localement :

Bain de siège froid avec cette *décoction* : racines de Ficaire + feuilles de Bouillon blanc : ajouter 10 g de chaque à un litre d'eau. Faire bouillir quinze minutes. Retirer de la source de chaleur. Ajouter 10 g de fleurs de Mauve. Laisser infuser le tout dix minutes. Filtrer. Laisser refroidir et ajouter à l'eau froide préparée pour le bain de siège.

On pourra appliquer ensuite un gel préparé à partir d'*extraits glycoliques* de plantes telles que Harpagophytum, Genévrier, Marron d'Inde, Vigne rouge.

La phytothérapie constitue le traitement majeur des hémorroïdes non compliquées.

Trois plantes importantes pour l'appareil cardio-vasculaire

☐ Aubépine ou Crataegus oxyacantha

L'Aubépine appartient à la famille des Rosacées. Plante courante, on utilise ses sommités fleuries. Elle contient de nombreux principes actifs : flavones, flavannes, hétérosides du quercetol. C'est la grande plante du système cardio-vasculaire. Elle est ainsi indiquée dans :
— les troubles du rythme (extrasystoles) ;
— l'hypertension artérielle ;
— l'angine de poitrine.
C'est également un bon sédatif nerveux.

☐ Agripaume ou Leonurus cardiaca

Originaire d'Asie Centrale, l'Agripaume (famille des Labiées) est très répandue dans toute la France.
On utilise la plante entière. Elle contient de nombreux alcaloïdes comme la leonurine et la leonurinine. Comme son nom latin l'indique (cardiaca), l'Agripaume est surtout utilisée dans les troubles cardiaques : essentiellement les palpitations. C'est souvent un bon complément à l'Aubépine.

☐ La Prêle ou Equisetum arvense

Appartenant à la famille des Equisétacées, la Prêle est une plante courante, très connue en France, dans toute l'Europe, l'Asie, l'Afrique, l'Amérique du Nord. C'est une herbacée sans fleurs, de 20 à 60 cm de haut. Elle a une tige souterraine (rhizome) profondément enfoncée dans le sol, qui émet deux sortes de tiges : les tiges fertiles qui se terminent par un épi sporangifère, les tiges stériles, ramifiées, creuses, cannelées. On utilise ces dernières, avec les feuilles. La Prêle est riche en silice, en saponosides et en flavonoïdes. Remarquable par ses propriétés reminéralisantes et diurétiques, elle est utilisée pour les affections rhumatismales, la déminéralisation, mais également dans la prévention de l'athérosclérose à cause de sa richesse en silice.
C'est une grande plante de notre arsenal thérapeutique.

Maladies des bronches et des poumons

Toux

La toux est une expulsion bruyante d'air à travers la glotte qui se resserre. Elle est due en général à une irritation des muqueuses de l'arrière-gorge ou des bronches.

La toux peut être le symptôme d'une irritation banale, passagère : atmosphère enfumée, refroidissement. Mais elle peut être aussi le signe d'une maladie : bronchite, tuberculose pulmonaire, cancer bronchique.

La phytothérapie va intervenir dans les toux d'irritation banales, ainsi que la trachéite des fumeurs. Dans les cas graves, elle constituera simplement un appoint aux traitements classiques, en soignant le terrain.

Plantes d'utilisation courante

Eucalyptus, Lierre terrestre, Myrte, Coquelicot, Capucine, Marrube, Grindélia, Angélique, Aunée, Chèvrefeuille, Tussilage.

Exemples d'utilisation

Tisanes :

— une infusion composée : Eucalyptus + Lierre terrestre + Myrte : ajouter 5 g de chaque à 500 cc d'eau bouillante. Laisser infuser dix à quinze minutes. Filtrer. Boire deux à trois tasses par jour ;

— des infusions simples :

Maladies des bronches et des poumons

l'Angélique : très recommandée pour la toux des fumeurs et des bronchites chroniques. Ajouter 10 g de racine séchée coupée en morceaux à 500 cc d'eau bouillante. Laisser infuser quinze minutes. Filtrer. Boire une grande tasse après les deux repas ;

l'Aunée : décongestionne les bronches, calme la toux. Ajouter 20 g de plante entière à 500 cc d'eau bouillante. Laisser infuser quinze minutes. Filtrer. Boire trois tasses par jour.

— une décoction simple : le Tussilage. Calme la toux, facilite l'expectoration. Ajouter 20 g de fleurs ou de feuilles séchées à 500 cc d'eau. Laisser macérer à froid cinq minutes. Porter à ébullition. Laisser bouillir deux minutes. Infuser dix minutes. Filtrer à travers un coton pour éliminer le duvet.

La phytothérapie est souvent suffisante pour calmer ces toux banales.

Bronchites aiguës

Il s'agit d'une inflammation aiguë de la muqueuse des bronches qui va se manifester par :
— **de la fièvre ;**
— **une toux souvent sèche au début puis productive d'une expectoration assez colorée (jaunâtre).**
La phytothérapie pourra être associée aux traitements classiques. On pourra l'utiliser pour la fièvre, la toux et l'infection (en complément des antibiotiques souvent nécessaires).

Plantes d'utilisation courante

Facilitant l'expectoration : Bouillon blanc, Mauve, Guimauve, Eucalyptus.
Antitussives : Capucine, Lierre, Tussilage.

Antiseptiques : Eucalyptus, Thym, Sarriette, Cyprès, Lavande, Genévrier, Pin.
Drainage hépato-rénal : Pissenlit, Bardane, Artichaut.

Exemples d'utilisation

— Facilitant l'expectoration :
Tisanes :
une infusion : ajouter 30 g de fleurs séchées de Bouillon blanc à 500 cc d'eau bouillante. Laisser infuser cinq minutes. Filtrer à travers un linge très fin ou un coton (on élimine ainsi les poils minuscules de la plante ; sans cette précaution, on pourrait créer au contraire une irritation de la gorge). Boire trois tasses par jour ;
une fumigation : ajouter à un grand bol d'eau bouillante des feuilles d'Eucalyptus. Respirer les vapeurs pendant quelques minutes.
Gélules de poudre : un mélange de Bouillon blanc et de Mauve (0,150 g de chaque par gélule) : deux gélules trois fois par jour.

— Antitussives :
On pourra utiliser les formules du chapitre précédent (toux).

— Antiseptiques :
Gélules gastro-résistantes d'huiles essentielles (HE) : un mélange de Sarriette + Thym + Eucalyptus ou de Genévrier + Lavande + Pin (sur prescription médicale uniquement).

— Drainage hépato-rénal :
S.I.P.F. : un mélange de Bardane + Artichaut + Pissenlit, une mesure deux ou trois fois par jour dans une tasse de tisane.

Bronchites chroniques

**Elles sont dues à une inflammation chronique de la muqueuse des bronches. Sur un fond de chronicité, on peut cependant observer des poussées aiguës à soigner comme telles.
Ici, la phytothérapie tient une place intéressante.**

On utilisera, comme dans les bronchites aiguës :
— les plantes expectorantes ;
— les plantes antitussives ;
— les plantes de drainage.

En ce qui concerne la désinfection, classiquement, on utilise des cures d'antibiotiques quatre jours par semaine pendant l'automne et l'hiver, pour éviter les fortes poussées.

Dans un certain nombre de cas, ces antibiotiques pourront être remplacés par les huiles essentielles pendant les mêmes durées.

Un bon mélange : huile essentielle de Sarriette + Thym + Eucalyptus + Niaouli (sur prescription médicale uniquement).

Enrouement

**L'enrouement est une altération du timbre de la voix. Il est souvent en rapport avec une inflammation du larynx.
Mais attention aux troubles de la voix qui se prolongent : ils peuvent être liés à un polype des cordes vocales, voire parfois à certaines formes de cancer du larynx. Un examen médical sérieux est toujours obligatoire.
La phytothérapie trouve sa place pour les enrouements passagers (refroidissements, etc).**

Plantes d'utilisation courante

Aigremoine, Bouillon blanc, Ronce, Réglisse, Érysimum.

Exemples d'utilisation

— Gargarismes chauds avec une décoction :
d'Aigremoine : ajouter 50 g de feuilles d'Aigremoine à 500 cc d'eau. Faire bouillir quinze minutes. Filtrer.
de Ronces : ajouter 30 g de feuilles de ronces à 500 cc d'eau. Faire bouillir quinze minutes Filtrer.

— Par voie interne :
On peut utiliser la teinture mère d'Érysimum. Prendre toutes les heures (6 à 8 fois par jour) 20 à 30 gouttes dans un demi-verre d'eau ou une tasse de tisane.

Asthme - emphysème

L'asthme est une maladie pulmonaire survenant par accès, liée à des spasmes au niveau des petites bronches, avec une augmentation des sécrétions bronchiques.
Il faut distinguer essentiellement deux formes d'asthmes :
— l'asthme d'origine neurovégétative qui se voit chez les personnes anxieuses, inquiètes. Tout peut paraître normal. Mais subitement une contrariété survient ; la respiration devient courte, bruyante, et une véritable crise d'asthme peut se déclencher ;
— l'asthme d'origine allergique : parfois, la sensibilité respiratoire se manifeste envers une seule cause déclenchante (poussière, acariens par exemple). Parfois, il y a une réaction à de nombreux produits.
L'emphysème, qui est dû à une perte d'élasticité des alvéoles

pulmonaires, est souvent une complication de l'asthme ou de bronchites chroniques. On lui appliquera le même traitement.
La phytothérapie peut tenir une place importante dans le traitement de l'asthme. Mais pour les cas sévères, on est amené à utiliser les dérivés de la cortisone. Dans certaines surinfections, on emploie des antibiotiques.

Plantes d'utilisation courante

À visée sédative : Passiflore, Aubépine, Lotier, Mélilot, Saule blanc, Mélisse, Valériane, Ballote, Tilleul, Pavot jaune de Californie.
À visée anti-allergique : Cassis, Églantier, Réglisse, Bouleau.
Facilitant l'expectoration : Arnica, Capucine, Sassafras, Noisetier.

Exemples d'utilisation

— À visée sédative :
Tisane : une infusion composée : Aubépine + Mélisse + Oranger + Tilleul : ajouter 5 g de chaque plante à 500 cc d'eau bouillante. Laisser infuser dix minutes. Filtrer. Boire deux ou trois tasses par jour.
Gélules d'extraits secs : un mélange de Passiflore + Aubépine + Lotier (0,120 g de chaque par gélule), quatre gélules par jour, ou un mélange de Pavot jaune de Californie + Tilleul (0,200 g de chaque par gélule) : deux gélules au coucher (facilite le sommeil).
S.I.P.F. : un mélange de Passiflore + Aubépine + Valériane, une mesure deux ou trois fois par jour dans une tasse de tisane.

— À visée anti-allergique :
Gemmothérapie (*macérats glycérinés*) : un mélange de Cassis et d'Églantier : cent gouttes matin et midi dans un verre d'eau ou une tasse de tisane.
Teinture mère (TM) de réglisse : cinquante gouttes trois fois par jour.

— Facilitant l'expectoration :
Gélules de poudre: un mélange de Capucine + Arnica (0,150 g de chaque par gélule) : quatre à six gélules par jour.

Gemmothérapie (*macérats glycérinés*) : Noisetier, quatre-vingts gouttes trois fois par jour dans un verre d'eau ou une tasse de tisane.

Deux plantes importantes pour l'appareil broncho-pulmonaire

☐ Bouillon blanc ou Verbascum thapsus

Il appartient à la famille des Scrofulariacées, et provient surtout d'Europe Centrale. C'est une plante qui fait partie des espèces pectorales.
On utilise essentiellement sa fleur, mais toute la plante est riche en mucilage. Le mucilage est émollient (adoucissant). C'est à ce titre que le Bouillon blanc est surtout employé pour adoucir la toux. Comme le Tussilage, c'est une bonne plante des voies respiratoires.

☐ Eucalyptus ou Eucalyptus globulus

Il appartient à la famille des Myrtacées. Bel arbre d'une trentaine de mètres de haut, on le trouve surtout en région méditerranéenne.
On utilise de préférence la feuille des rameaux âgés. L'Eucalyptus contient principalement une essence riche en Eucalyptol, en Cynéol et en Carvone. C'est un excellent antiseptique respiratoire, essentiellement utilisé comme tel, aussi bien par voie interne que par voie externe. Plusieurs centaines de médicaments en contiennent.
Plus accessoirement et à forte dose, l'Eucalyptus a une action hypoglycémiante (fait baisser le sucre dans le sang, donc favorable chez les diabétiques).

Maladies des voies urinaires

Coliques néphrétiques et lithiases rénales (calculs rénaux)

De violentes douleurs siégeant dans la région lombaire irradient vers la vessie, le bas-ventre, les testicules, évoluant par crises. Elles s'accompagnent de difficultés à uriner avec cependant un besoin impérieux de le faire, parfois un peu de sang dans les urines.

Ces symptômes sont en rapport, en général, avec un calcul qui se trouve dans le bassinet du rein ou le plus souvent dans le trajet de l'uretère (canal qui conduit les urines du rein à la vessie). Ce calcul bloque le passage de l'urine qui s'accumule au-dessus de lui, créant une distension des tissus du rein, origine de la douleur.

Une faute à ne pas commettre pendant la crise : boire. En effet, cela fait sécréter davantage les reins et compte tenu du blocage de l'écoulement vers la vessie, cela peut léser le rein.

Devant les grandes douleurs, on sera souvent amené à utiliser les antalgiques habituels. Cependant, la Phytothérapie peut être d'un bon appoint, et, pour les petites crises, on pourra l'utiliser seule.

Plantes d'utilisation courante

À visée sédative et antispasmodique : Saule blanc, Lotier, Passiflore, Valériane. Pendant les crises et uniquement sur avis médical : la Belladone.

À visée anti-inflammatoire et antalgique : Harpagophytum, Vergerette du Canada.

À visée antiseptique urinaire : Buchu, Busserole, Bruyère.

Maladies des voies urinaires

Facilitant l'évacuation des sédiments : Alkékenge, Garance.

Exemples d'utilisation

— À visée sédative et antispasmodique :
Gélules d'extraits secs : un mélange de Saule blanc et de Lotier (0,200 g par gélule), deux gélules à répéter au besoin une heure puis deux heures après.

— À visée anti-inflammatoire et antalgique :
Gélules d'extraits secs : un mélange d'Harpagophytum et de Vergerette du Canada (0,200 g par gélule), deux gélules deux à trois fois par jour.

— À visée antiseptique urinaire :
Gélules de poudre : Buchu + Busserole (0,150 g de chaque par gélule), quatre à six gélules par jour.
Décoction : ajouter 15 g de racines de Bruyère à 500 cc d'eau. Faire bouillir le tout quinze minutes. Filtrer. À utiliser après la crise et lorsque le débit urinaire a bien repris.

— Facilitant l'évacuation des sédiments :
En cas de calculs phosphatiques : l'évacuation est facilitée par la Garance utilisée sous forme de *teinture mère* à raison de 50 à 60 gouttes trois fois par jour.
Une *décoction* de baies d'Alkékenge (15 g pour 500 cc d'eau). Faire bouillir le tout quinze minutes. Laisser reposer dix minutes. Filtrer. Répartir le tout dans la journée.

La phytothérapie est un traitement adjuvant intéressant de la lithiase rénale.

Cystites aiguës

Il s'agit d'une inflammation aiguë de la vessie, le plus souvent en rapport avec un microbe qui se localise dans les voies urinaires.
La fièvre est fréquente, souvent très élevée. Elle s'accompagne de brûlures à la vessie, d'envies très fréquentes d'uriner, avec difficulté à émettre des urines.
Le traitement devra être entrepris très rapidement pour éviter que l'infection ne se propage vers les voies urinaires hautes et ne lèse les reins.
On aura souvent recours aux antibiotiques. La phytothérapie sera un appoint au traitement « classique ».

Plantes d'utilisation courante

À visée anti-inflammatoire : Harpagophytum, Cassis, Vergerette du Canada.
À visée antiseptique urinaire : Buchu, Busserole, Bruyère, Alkékenge.
À visée antibactérienne : Thym, Sarriette, Origan, Niaouli.

Exemples d'utilisation

— À visée anti-inflammatoire :
Tisane : une macération. Ajouter 9 g de racines secondaires d'Harpagophytum à un litre d'eau. Faire bouillir le tout quinze minutes. Retirer de la source de chaleur. Laisser macérer toute la nuit. Filtrer et boire tout au long de la journée.
Gélules d'extraits secs :
un mélange de Cassis et de Vergerette du Canada

(0,200 g de chaque par gélule), trois à quatre gélules par jour.

— À visée antiseptique urinaire :
Tisane : une décoction de racines de Bruyère + baies d'Alkékenge. Ajouter 5 g de chaque à 500 cc d'eau. Faire bouillir le tout quinze minutes. Laisser infuser dix minutes. Filtrer. Boire le tout réparti en trois ou quatre prises dans la journée.
Gélules de poudre : un mélange de Buchu et de Busserole (0,150 g de chaque par gélule), quatre à six gélules par jour.

— À visée antibactérienne :
Gélules gastro-résistantes d'huiles essentielles (HE) : HE de Sarriette + Thym + Niaouli (uniquement sur prescription médicale).

Cystites chroniques

Il y a eu au départ une cystite aiguë. Les traitements ont été entrepris tardivement ou mal suivis ; on observe alors des cystites à répétition ou un fond presque permanent de troubles urinaires.

Ici, la phytothérapie peut donner de meilleurs résultats que les traitements classiques.

On fera pratiquer un aromatogramme [1] pour tester la sensibilité des germes aux huiles essentielles.

Le traitement reprendra les grandes lignes de celui de la cystite aiguë mais le point important réside dans sa durée. Il doit être prolongé selon avis médical (souvent plusieurs mois). Tout arrêt intempestif devant une amélioration risque d'entraîner une rechute.

---

1. Voir page 42.

Trois plantes importantes pour les voies urinaires

☐ Alkékenge ou Physalis alkekengi

Cette plante appartient à la famille des Solanacées. Très courante en France, on la trouve plutôt dans les régions de vignobles.
On utilise surtout le fruit (baies d'Alkékenge). Très riche en vitamine C, l'Alkékenge contient également des principes amers stéroliques dits physalines. Sa propriété majeure est d'être diurétique. L'Alkékenge est utilisé pour la goutte et les coliques néphrétiques.

☐ Busserole ou Arbutus uva ursi

La Busserole, plante de la famille des Éricacées, pousse dans les lieux secs, ombragés. On la rencontre dans presque toute l'Europe, le nord de l'Asie et l'Amérique.
On utilise la feuille à titre principal. Riche en tanin, elle contient surtout trois glucosides (ericoline, arbustine et methylarbustine). Elle est connue pour ses propriétés antiseptiques urinaires ; elle est également diurétique ; elle est très utilisée pour les cystites et les infections de la prostate.

☐ Bruyère ou Calluna vulgaris

La Bruyère appartient également à la famille des Éricacées. Répandue dans presque toute l'Europe, le nord-ouest de l'Asie, le nord de l'Afrique et de l'Amérique, elle pousse généralement sur les terrains siliceux.
On utilise surtout les sommités fleuries. Riche en tanin, elle contient également un glucoside, l'arbutoside.
Ses propriétés sont les mêmes que celles de la Busserole : essentiellement antiseptique urinaire et diurétique. Comme cette dernière, on l'utilise donc dans les cystites et les infections de la prostate.

Maladies de l'appareil génital de l'homme

Infections : prostatite, urétrite, orchi-épididymite

L'infection peut atteindre les différents niveaux de l'appareil génital masculin. Mais le plus souvent, il y a une infection générale au niveau de la prostate, de l'urètre (canal de la verge), d'un ou de deux testicules et de l'épididyme qui recouvre une partie de chaque testicule.

Il peut s'agir d'une infection aiguë nécessitant un traitement d'urgence pour éviter le passage à la chronicité. La phytothérapie sera alors complémentaire d'une antibiothérapie souvent indispensable, surtout dans les formes aiguës.

Plantes d'utilisation courante

— À visée de désinfection urinaire : Buchu, Busserole, Bruyère.
— À Visée anti-inflammatoire et antalgique : Harpagophytum, Vergerette du Canada, Cassis, Ulmaire.
— À visée anti-infectieuse : Sarriette, Thym, Cajeput, Niaouli.

Exemples d'utilisation

Tisane : une décoction.
Ajouter 30 g de racines de Bruyère à un litre d'eau. Faire

bouillir le tout quinze minutes. Laisser infuser dix minutes. Filtrer. Boire le tout réparti dans la journée.

Gélules de poudre : Buchu + Busserole (0,150 g de chaque par gélule), quatre à six gélules par jour.

Gélules d'extraits secs : Harpagophytum + Vergerette du Canada (0,200 g de chaque par gélule), quatre gélules par jour.

S.I.P.F. : un mélange de Cassis et d'Ulmaire : une mesure trois fois par jour dans une tasse de tisane.

Huiles essentielles : un mélange de Cajeput + Thym + Niaouli (uniquement sur prescription médicale).

Adénome de la prostate

Il s'agit d'une augmentation du volume de la prostate, organe génital masculin uniquement. La prostate devient fibreuse et gêne l'évacuation de l'urine. L'adénome va ainsi entraîner des levers nocturnes répétés, pour satisfaire un besoin impérieux d'uriner.

Affection très fréquente, elle atteint en moyenne un homme sur deux après cinquante ans, avec des manifestations fonctionnelles chez seulement 30 à 40 % des personnes atteintes.

L'adénome de la prostate est une maladie bénigne, non cancéreuse, qui ne se complique pas en cancer, mais il peut être associé à un cancer de la prostate.

Le traitement de l'adénome de la prostate est essentiellement phytothérapique.

Plantes d'utilisation courante

Prunier d'Afrique, Palmier de Floride, Séquoia, Poivrier d'eau, Oignon, Marron d'Inde, Ginkgo Biloba, Harpagophytum, Cassis.

Exemples d'utilisation

Gemmothérapie (*macérats glycérinés* de bourgeons) :
Séquoia : soixante-dix gouttes trois fois par jour.

Teintures mères (TM) :
Oignon : cinquante gouttes trois fois par jour,
Poivrier d'eau : soixante-dix gouttes trois fois par jour.

Gélules d'extraits secs : Harpagophytum + Cassis (0,200 g de chaque par gélule), deux à trois gélules par jour.

S.I.P.F. de Marron d'Inde : deux à trois mesures par jour.

Les deux plantes les plus importantes sont commercialisées sous forme de spécialités : il s'agit du Prunier d'Afrique et du Palmier de Floride.

Asthénie sexuelle

Elle se caractérise par une diminution de la libido (désir sexuel) et/ou une difficulté, voire une impossibilité à l'érection.

On a longtemps attribué ce trouble à des facteurs psychologiques ; certes, ces derniers existent, mais une amélioration des techniques d'investigation a permis de mettre en évidence la fréquence des troubles circulatoires à ce niveau.

Il faut souligner que certaines asthénies sexuelles sont passagères, survenant à la suite d'une période de surmenage ou d'une maladie infectieuse sévère ayant nécessité de fortes doses d'antibiotiques.

En dehors de nombreux moyens locaux utilisés par les spécialistes (injections de Papavérine dans les corps caverneux par exemple, prothèses, etc.), la phytothérapie représente un appoint non négligeable.

Maladies de l'appareil génital de l'homme

Plantes d'utilisation courante

Celles ayant une action sur l'état général : Éleuthérocoque, Cassis, Ginseng, Romarin, Gingembre.
Celles ayant une action plus directe sur la sexualité : Berce, Cresson, Échinacea, Céleri.
Celles ayant une action sur la circulation : petite Pervenche, Ginkgo biloba.
Celles ayant une action sur l'anxiété : Coriandre, Lavande.

Exemples d'utilisation

— Action sur l'état général :
Gélules d'extraits secs :
un mélange d'Éleuthérocoque et de Ginseng (0,200 g de chaque par gélule) : une gélule le matin et une à midi ;
un mélange de Gingembre et de Romarin (idem).

— Action plus directe sur la sexualité :
Gélules de poudre : Berce + Cresson (0,150 g de chaque par gélule), quatre à six gélules par jour.

— Action sur la circulation :
Un mélange de *teintures mères* (TM) : petite Pervenche + Ginkgo biloba : soixante-dix gouttes trois fois par jour.

— Action sur l'anxiété :
TM de Lavande ou TM de Coriandre, trente gouttes trois fois par jour.

Deux plantes importantes pour l'appareil génital masculin

☐ Éleuthérocoque ou Éleutherococcus senticosus

Encore appelé « buisson du diable », l'Éleuthérocoque appartient à la famille des Araliacées. C'est un arbuste épineux qui peut atteindre trois mètres de haut.
On le trouve surtout en Sibérie, dans le nord de la Russie, mais également en Corée et dans certaines régions de Chine.
On utilise sa racine. L'action thérapeutique de cette plante est due aux nombreux hétérosides qu'elle contient. Ses principales propriétés sont :
— action stimulante générale avec un effet anti-hypnotique (il faudra donc se méfier et ne pas l'utiliser en fin de journée) ;
— action stimulante également sur les glandes sexuelles et les capsules surrénales ;
— anti-diabétique ;
— anti-inflammatoire ;
— des expérimentations ont montré son action favorable sur la circulation cérébrale ;
— elle renforcerait également les défenses immunitaires.
C'est une plante appelée à une utilisation de plus en plus grande en France.

☐ Ginseng ou Panax ginseng

Plante herbacée originaire de l'Inde, de la Chine et de la Corée, le Ginseng fait partie de la famille des Araliacées. Sa racine contient un grand nombre de vitamines et des saponosides. On lui attribue surtout des propriétés aphrodisiaques qui ont fait sa grande réputation. Mais c'est également un stimulant physique et psychique, un tonicardiaque. Il a aussi une action favorable sur le cholestérol.

Maladies de l'appareil génital de la femme

Règles douloureuses

Parfois liées à un mauvais fonctionnement hormonal, les règles douloureuses sont assez répandues.
Les causes ne sont pas toujours parfaitement définies. Un facteur psychologique est souvent présent, même s'il ne représente pas la cause unique.
La phytothérapie sera utilisée le plus souvent avec succès.

Plantes d'utilisation courante

Antalgiques et anti-inflammatoires : Saule blanc, Harpagophytum, Cassis, Ulmaire, Vergerette du Canada.
Sédatives générales : Passiflore, Aubépine, Lotier, Valériane, Mélisse.
Améliorant la circulation : Marron d'Inde, Vigne rouge, Mélilot.

Exemples d'utilisation

— À visée antalgique et anti-inflammatoire :
Gélules d'extraits secs : un mélange d'Harpagophytum et de Vergerette du Canada (0,200 g de chaque gélule), quatre gélules par jour.
S.I.P.F. : un mélange de Cassis et d'Ulmaire : une mesure trois fois par jour dans une tasse de tisane.

— À visée sédative générale :
Gélules d'extraits secs : un mélange de Lotier et d'Aubépine (0,200 g de chaque), trois à quatre gélules par jour.
S.I.P.F. : un mélange de Passiflore et de Mélisse, une mesure trois fois par jour dans une tasse de tisane.
Tisane : une décoction de 15 g de racines de Valériane pour 500 cc d'eau. Faire bouillir le tout quinze minutes. Filtrer. Boire deux à trois tasses par jour.

— À visée circulatoire :
S.I.P.F. : un mélange de S.I.P.F. de Marron d'Inde et de Mélilot : une mesure deux à trois fois par jour dans une tasse de tisane.

Localement, on pourra appliquer sur le bas-ventre un cataplasme de Mélilot ainsi préparé : 50 g de sommités fleuries de Mélilot rajoutés à un faible volume d'eau. Faire bouillir dix à quinze minutes. Exprimer. Mettre entre deux gazes et appliquer chaud pendant dix à quinze minutes. On peut recommencer un cataplasme plusieurs fois dans la journée.

Pertes blanches

Encore appelées leucorrhées, il s'agit d'un écoulement muqueux, parfois purulent, se faisant par la vulve.
Les sécrétions muqueuses peuvent avoir un caractère banal : exagération de la sécrétion de glandes locales (Bartholin, Skene).
Lorsqu'elles sont en rapport avec une inflammation ou une infection locale, il faudra indiquer un traitement actif pour éviter les complications.
La phytothérapie constitue un traitement d'appoint intéressant.

Plantes d'utilisation courante

À visée anti-infectieuse : Thym, Serpolet, Sarriette, Eucalyptus, Origan, Romarin, Genévrier.

À visée anti-inflammatoire ou astringente : Harpagophytum, Vergerette du Canada, Saule blanc, Cassis, Ulmaire, Bistorte, Chêne.

Exemples d'utilisation

— Anti-infectieuses :
Gélules gastro-résistantes d'huiles essentielles (HE) :
un mélange de Sarriette + Thym + Serpolet (uniquement sur prescription médicale) ;
localement, des ovules d'huiles essentielles de Genévrier, d'Origan, associées à une TM de Bistorte (selon prescription médicale).

— Anti-inflammatoires ou astringentes :
Gélules d'extraits secs : Harpagophytum + Saule blanc (0,200 g de chaque par gélule) : trois à quatre gélules par jour.
S.I.P.F. : un mélange de Cassis + Ulmaire : une mesure deux ou trois fois par jour dans une tasse de tisane ;

localement, on peut indiquer des irrigations vaginales avec une décoction de racines de Bistorte : faire bouillir 80 g dans un litre d'eau pendant dix minutes. Filtrer. Utiliser tiède.

Frigidité

Souvent en rapport avec une inhibition psychologique, la frigidité peut également être liée à des facteurs hormonaux.
La phytothérapie donnera de bons résultats, associée à la psychothérapie.
On pourra utiliser dans ses grandes lignes le traitement indiqué dans les asthénies sexuelles masculines.
Au plan hormonal, s'agissant le plus souvent d'un déficit œstrogénique (qu'il faudra confirmer), on pourra indiquer des plantes à action œstrogène telles, surtout, que la Sauge et le Cyprès en gélules gastro-résistantes d'huiles essentielles, uniquement sur avis médical compte tenu de certaines contre-indications.

Syndrome prémenstruel (SPM)

Gêne modérée chez certaines femmes, véritable infirmité chez d'autres, le SPM survient une dizaine de jours avant l'apparition des règles.
Il se caractérise par un certain nombre de troubles généralement liés à un déséquilibre hormonal (hyperfolliculinie le plus souvent ; il faudra donc freiner les œstrogènes) :
— congestion et rétention, entraînant gonflement des mains et des pieds ainsi que du ventre, avec prise de poids (1 à 3 kg) ;
— troubles circulatoires : fourmillements des extrémités ;
— troubles nerveux : insomnies, irritabilité pouvant amener à certaines violences (certaines femmes, poursuivies en Angleterre pour assassinat, ont pu être relaxées, bien défendues par des avocats qui ont invoqué des troubles psychiques sévères en rapport avec le SPM).
La phytothérapie trouve ici une place importante et suffit souvent à amener une grande amélioration.

Plantes d'utilisation courante

Pour éviter la rétention : Piloselle, Orthosiphon, Frêne, Bouleau, Prêle, Pissenlit.
Pour améliorer la circulation : Vigne rouge, Marron d'Inde, Mélilot.
Pour lutter contre le déséquilibre nerveux : Passiflore, Aubépine, Lotier, Mélilot, Saule blanc, Mélisse, Valériane, Tilleul, Pavot jaune de Californie.
Pour freiner l'hyperfolliculinie :
— action directe : Grémil (freinateur hypophysaire), Gattilier (freinateur ovarien) ;
— action indirecte : Alchémille (améliore la progestérone).

Exemples d'utilisation

— Pour lutter contre la rétention :
Gélules d'extraits secs : un mélange de Piloselle et d'Orthosiphon (0,200 g de chaque par gélule), quatre à six gélules par jour ;
S.I.P.F. : un mélange de Prêle et de Pissenlit, une mesure deux à trois fois par jour dans une tasse de tisane.
— Pour améliorer la circulation :
S.I.P.F. : un mélange de Marron d'Inde et de Mélilot, une mesure deux à trois fois par jour dans une tasse de tisane.
— Pour lutter contre le déséquilibre nerveux :
Gélules d'extraits secs : un mélange de Tilleul et de Pavot jaune de Californie (0,200 g de chaque par gélule), deux à trois gélules le soir (améliore le sommeil).
S.I.P.F. : un mélange de Passiflore et de Valériane ou d'Aubépine et de Mélisse, une mesure deux à trois fois par jour dans une tasse de tisane.
— Pour lutter contre l'hyperfolliculinie :
Selon l'action recherchée : Grémil, Gattilier, Alchemille (sur prescription médicale).

Trois plantes importantes pour l'appareil génital féminin

☐ Bouleau ou Betula alba

Ce bel arbre, qui peut atteindre jusqu'à vingt-cinq mètres, appartient à la famille des Betulacées. Très courant en France, on le trouve également dans toute l'Europe, en Asie et en Afrique Septentrionale.
On utilise essentiellement l'écorce, les feuilles, la sève, et parfois les bourgeons. Riche en nombreux principes actifs, le Bouleau a une action diurétique très intéressante. Il est utilisé également pour les coliques néphrétiques et certaines maladies de la peau.

☐ Grémil ou Lithospermum officinale

Cette petite plante vivace qui ne dépasse pas quatre-vingts centimètres de haut appartient à la famille des Borraginacées. Elle est commune dans toute l'Europe, certaines régions d'Asie et en Amérique du Nord. On utilise la plante entière.
Le Grémil est riche en acide lithospermique et en plusieurs substances à action hormonale. Utilisé dans certains pays comme anticonceptionnel, le Grémil est employé en France plutôt comme freinateur hypophysaire.

☐ Piloselle ou Hieracium pilosella

Appartenant à la famille des Composées, cette petite plante de sept à trente centimètres de haut est très courante en France. On la retrouve facilement dans presque toute l'Europe, le Nord de l'Afrique et l'Amérique du Nord.
On utilise la plante entière qui est riche en polyphénols. C'est surtout une grande plante diurétique. Elle aide également à faire baisser l'urée sanguine. Son utilisation thérapeutique est très répandue dans tous les drainages rénaux.

Ménopause

La ménopause constitue un épisode physiologique (normal) de la vie génitale de la femme, qui survient autour de la cinquantaine.

Elle se caractérise par un arrêt complet des règles, dû à une modification importante des sécrétions hormonales. La ménopause est affirmée lorsque cet arrêt dure depuis un an.

La ménopause est souvent précédée d'une phase dite de pré-ménopause, où les règles sont irrégulières. Dès cette période, vont apparaître un certain nombre de troubles, mais pas pour toutes les femmes, la ménopause étant vécue de façon très inégales par les unes et les autres.

Les bouffées de chaleur sont les plus caractéristiques, souvent accompagnées de sueurs, survenant à plusieurs reprises de jour comme de nuit, elles peuvent à l'extrême constituer une véritable infirmité.

Les phénomènes de rétention et la prise de poids sont fréquents.

La dystonie neurovégétative (irritabilité, nervosité, insomnies) est souvent marquée.

Signalons également des *troubles trophiques* (sécheresse du vagin) et une *baisse de la libido* (désir sexuel).

Mais il faut surtout insister sur deux complications qui vont s'installer progressivement après l'arrêt des règles ; il s'agit de :
— *l'ostéoporose* : raréfaction de la trame osseuse, elle est à l'origine de nombreuses fractures, surtout du col du fémur ;
— *l'athérosclérose* : apparition progressive de plaques calcaires qui bouchent les artères et entraînent (au niveau des coronaires par exemple) de l'angine de poitrine, voire un infarctus du myocarde.

Ces troubles, et plus particulièrement ces deux complications, sont sous la dépendance de la baisse considérable du taux des hormones (œstrogènes). Tant qu'elle est bien réglée, la femme semble bénéficier d'un système de défense lié à ses hormones. En effet, la présence d'œstrogènes en quantité suffisante favorise la production du HDL cholestérol (encore appelé « bon cholestérol »), qui protège de l'athérosclérose. Les œstrogènes jouent également un rôle important dans la formation de la trame osseuse et la fixation du calcium.

Aujourd'hui, pour un grand nombre de femmes à qui l'on prescrit des hormones naturelles, cette période difficile se passe beaucoup mieux.

La phytothérapie a aussi un rôle important à jouer. En effet, nous disposons d'un certain nombre de plantes ayant une action hormonale. Ainsi la Sauge et le Cyprès, par exemple, ont une action dite «œstrogène like» c'est-à-dire comparable à celle des œstrogènes. L'Alchemille a une action comparable à celle de la progestérone.

Plantes d'utilisation courante

À visée hormonale : Sauge, Cyprès, Alchemille.
À visée sédative : Passiflore, Aubépine, Lotier, Mélisse, Tilleul, Valériane, Pavot jaune de Californie.
À visée reminéralisante : Prêle, Renouée des oiseaux, Fucus, Carragaheen.
À visée de drainage (évite la rétention) : Piloselle, Orthosiphon, Bouleau, Frêne, Pissenlit.

Exemples d'utilisation

— À visée hormonale (pour prévenir les complications telles qu'ostéoporose, athérosclérose, sécheresse vaginale) :
Gélules gastro-résistantes d'huiles essentielles (HE): HE Sauge + Cyprès, sur prescription médicale seulement (il peut y avoir des contre-indications et, si elles ne sont pas respectées, on peut déclencher des réactions sévères).
Gélules d'extraits secs: Alchemille. Ici aussi, compte tenu de son utilisation comme hormone, pas d'automédication mais uniquement sur prescription médicale.

— À visée sédative :
Gélules d'extraits secs: un mélange de Tilleul et de Pavot jaune de Californie (0,200 g de chaque par gélule), deux à trois gélules le soir (agit bien sur les insomnies).

S.I.P.F.: un mélange d'Aubépine et de Mélisse, ou de Passiflore et de Valériane (une mesure deux à trois fois par jour dans une tasse de tisane).

— À visée reminéralisante :
Tisane: une décoction de Renouée des oiseaux, 20 g pour 500 cc d'eau. Faire bouillir le tout quinze minutes. Filtrer. Boire deux à trois tasses par jour.
Gélules de poudre: de Prêle (0,350 g par gélule), quatre à six gélules par jour.
S.I.P.F.: de Fucus, une à trois mesures par jour dans une tasse de tisane.

— À visée de drainage :
Tisane: une décoction de 70 g d'écorce de Bouleau pour un litre d'eau. Faire bouillir quinze minutes. Laisser infuser quinze minutes. Filtrer. Boire le tout réparti dans la journée.
Gélules d'extraits secs: un mélange de Piloselle et d'Orthosiphon (0,200 g de chaque par gélule), quatre gélules par jour.

Trois plantes importantes pour la ménopause

☐ Alchemille ou Alchemilla vulgaris

Cette petite plante atteignant dix à quarante centimètres de haut appartient à la famille des Rosacées. Elle pousse en abondance dans les prés et les pâturages humides, dans les bois et les montagnes jusqu'à 2 600 mètres d'altitude.
On utilise surtout les feuilles et les parties aériennes.
Elle a des propriétés astringentes (resserre les tissus et diminue les sécrétions). Elle est donc souvent utilisée dans les diarrhées, les leucorrhées (pertes blanches), les règles trop abondantes.
Son action est due surtout à la présence de tannin, d'acide ellagique et d'acide lutéique.
Des travaux récents ont pu souligner qu'elle avait aussi une action hormonale importante du type progestérone.
C'est une plante très couramment utilisée.

☐ Sauge ou Salvia officinalis

Herbe sacrée des Romains, il s'agit d'un sous-arbrisseau de trente à soixante centimètres de haut, appartenant à la famille des Labiées. C'est une plante assez courante, dont on emploie surtout la feuille. Elle contient de nombreux principes actifs : flavonoïdes et acide rosmarinique. Son huile essentielle renferme une cétone terpénique, la thuyone.
Les propriétés de la Sauge sont nombreuses : apéritive, tonique, digestive (ce qui explique sa large utilisation en cuisine); elle est aussi anti-sudorale. Mais elle a surtout une action qui rappelle celle des œstrogènes, c'est donc la grande plante de la ménopause.

☐ Cyprès ou Cupressus sempervirens

Bel arbre ornemental qui peut atteindre vingt-cinq mètres de haut, le Cyprès appartient à la famille des Conifères (cupressacées).
Toutes les parties de la plante exhalent une forte odeur

d'essence de térébenthine. On utilise essentiellement les cônes cueillis avant maturité et appelés galbules ou noix de Cyprès. Parmi les principes actifs, on note surtout du tannin à l'origine des propriétés astringentes (resserre les tissus et diminue les sécrétions), des leuco-anthocyanes expliquant l'action sur la circulation. L'huile essentielle de Cyprès a également des vertus antiseptiques.

Les noix de Cyprès ont une action remarquable sur la circulation veineuse (varices, hémorroïdes).

Le Cyprès est souvent utilisé au cours de la ménopause compte tenu de ses propriétés qui le rapprochent de celles des œstrogènes.

Grossesse

La grossesse est un épisode normal de la vie génitale féminine.
Dans un grand nombre de cas, la femme enceinte ne ressent aucun trouble particulier. Ailleurs, elle aura à subir diverses sortes de désagréments pour lesquels la phytothérapie est particulièrement indiquée.

Nausées et éructations

Relativement fréquentes, on peut leur opposer des plantes telles que la Benoite, la Menthe. On pourra associer la *poudre* de ces deux plantes en une même gélule (0,100 g de chaque par gélule) et en prendre trois ou quatre par jour.

Tisane: on pourra également conseiller une décoction légère de Benoite pour 500 cc d'eau. Faire bouillir le tout pendant dix à quinze minutes. Filtrer. Boire deux à trois tasses dans la journée.

Il est possible aussi d'utiliser des plantes améliorant la digestion telles que Badiane et Fenouil, sous forme de *gélules de poudre* (mélangées à raison de 0,150 g de chaque par gélule) : deux gélules avant les deux repas.

Troubles circulatoires veineux

La grossesse entraîne souvent par compression une petite insuffisance veineuse.

Ici aussi, la phytothérapie apporte une amélioration avec des plantes telles que Marron d'Inde, Mélilot, Vigne rouge.

Exemples d'utilisation

Gélules d'extraits secs: de Vigne rouge à 0,400 g par gélule : trois à quatre gélules par jour.

S.I.P.F.: un mélange de Marron d'Inde et de Mélilot, une mesure ou deux par jour dans une tasse de tisane.

Localement, on pourra conseiller un gel fabriqué à partir d'*extrait glycoliques* de Lierre, de Vigne rouge, de Marron d'Inde par exemple. On massera tous les soirs cuisses et jambes avec ce gel.

Vergetures

Il s'agit de petites raies, semblables à des cicatrices molles qui se forment sur la peau soumise à une tension exagérée et dont les fibres élastiques s'atrophient.

Pour les prévenir, il est bon de conseiller dès le début de la grossesse l'application quotidienne d'un gel fabriqué à partir d'*extraits glycoliques* de plantes telles que Bardane, Calendula, Lierre.

Insomnies

Elles sont fréquentes, surtout au début de la grossesse.

On fera appel à des plantes telles que Aubépine, fleurs d'Oranger, Passiflore, Coquelicot, Mélisse, Lavande, Laitue vireuse.

On pourra boire après dîner un grand bol d'*infusion* ainsi préparée : ajouter à 250 g d'eau bouillante environ 5 g de chaque plante (Coquelicot, Passiflore, Lavande). Laisser infuser cinq à dix minutes. Filtrer. Ajouter une mesure de *S.I.P.F.* d'Aubépine ou une cuillère à café d'eau de fleurs d'Oranger.

Deux plantes importantes pour la grossesse

☐ Menthe ou Mentha piperita

Très connue pour son action digestive, la Menthe appartient à la famille des Labiées. C'est une plante que l'on retrouve souvent dans les lieux humides.

La Menthe est utilisée comme tonique de l'estomac (améliore la digestion). On s'en sert également comme antispasmodique et sédatif.

Son huile essentielle contient surtout du Menthol. Parmi les autres principes actifs de la plante, on note des flavonoïdes.

☐ Oranger ou Oranger amer ou Citrus aurantium

Cet arbrisseau épineux de quatre à cinq mètres de haut appartient à la famille des Rutacées. Il pousse surtout en région méditerranéenne.

On utilise principalement les feuilles et les fleurs. Dans la fleur, on retrouve de l'essence de neroli-bigaradier, et dans la feuille de l'essence de petit-grain. L'Oranger est connu pour ses propriétés sédatives, antispasmodiques et légèrement hypnotiques (l'eau de fleur d'Oranger est d'un usage très classique).

Maladies rhumatismales

On englobe sous ce titre un certain nombre de maladies qui vont de l'arthrose banale à la polyarthrite chronique évolutive (PCE) ou à la spondylarthrite ankylosante, en passant par certains rhumatismes infectieux comme le rhumatisme articulaire aigu ou maladie de Bouillaud.

La place de la phytothérapie sera tout à fait différente selon l'affection envisagée. Nous allons traiter deux cas extrêmes :

Rhumatisme articulaire aigu (maladie de Bouillaud)

Cette maladie avait un caractère très grave avant l'avènement des antibiotiques. En effet, due au streptocoque hémolytique, elle se compliquait très fréquemment d'atteintes valvulaires cardiaques qui, au bout d'un certain nombre d'années, se décompensaient et donnaient des insuffisances cardiaques sévères.

Aujourd'hui, l'application systématique des antibiotiques à fortes doses et de manière prolongée (parfois même de la cortisone dans les formes sévères) a permis de modifier complètement le pronostic de cette maladie.

La phytothérapie n'aura dans le traitement qu'une place d'appoint.

Plantes d'utilisation courante

Plantes à visée antalgique et anti-inflammatoire : Saule blanc, Ulmaire, Cassis, Vergerette du Canada, Harpagophytum.
Plantes de drainage hépato-rénal : Artichaut, Fumeterre, Pissenlit, Bardane.

Exemples d'utilisation

— À visée antalgique et anti-inflammatoire :
Tisane : une décoction. Ajouter 50 g d'écorces de Saule blanc à un litre d'eau. Faire bouillir le tout quinze minutes. Laisser infuser cinq minutes. Filtrer. Boire plusieurs tasses dans la journée.
Gélules d'extraits secs : un mélange d'Harpagophytum et de Vergerette du Canada (0,200 g de chaque par gélule), quatre gélules par jour.
S.I.P.F. : un mélange de Cassis et d'Ulmaire, une mesure deux à trois fois par jour dans une tasse de tisane.

— À visée de drainage :
Gélules d'extraits secs : un mélange d'Artichaut et de Fumeterre (0,150 g de chaque par gélule), deux à trois gélules par jour.
S.I.P.F. : un mélange d'Artichaut, de Bardane et de Pissenlit, une mesure deux à trois fois par jour dans une tasse de tisane.

Arthrose

Sous ce nom, on désigne des affections chroniques dégénératives non inflammatoires des articulations, caractérisées par des lésions cartilagineuses avec des petites excroissances osseuses (ostéophytes) et entraînant des douleurs, des craquements, des déformations.

Ici, la thérapeutique « allopathique » dispose essentiellement de deux classes de médicaments : les antalgiques et les anti-inflammatoires. Malheureusement, l'administration de ces deux types de produits est soumise à une réglementation stricte avec en particulier une contre-indication nette pour toute personne ayant des troubles digestifs ou même un passé digestif (ancien ulcère d'estomac ou du duodénum, gastrite, hernie hiatale, colite, diverticulose, etc). En effet, ils entraînent souvent des intolérances et sont fréquemment à l'origine d'ulcères gastro-duodénaux, d'hémorragies digestives et de nombreuses autres complications.

Or, ces produits sont utilisés *larga manu* malgré tous leurs inconvénients, à tel point qu'aujourd'hui, la pathologie digestive est dans la plupart des cas iatrogène (c'est-à-dire due à une cause médicamenteuse). Une grande partie des médecins n'a aucune connaissance sérieuse de la phytothérapie (ce n'est pas de leur faute, on ne l'enseigne plus dans les facultés). Ils ignorent que nous disposons d'un véritable arsenal de plantes aux propriétés anti-inflammatoires connues et reconnues, dont l'utilisation pourrait suffire dans un grand nombre d'arthroses banales.

Contrairement aux anti-inflammatoires « allopathiques », ces produits végétaux pourront être utilisés pendant de longues durées sans aucune des complications engendrées par les premiers.

Plantes d'utilisation courante

En tête, l'Harpagophytum, mais aussi la Vergerette du Canada, le Cassis, la Prêle, le Frêne, le Bouleau, le Gené-

Maladies rhumatismales

vrier, le Saule blanc, l'Ulmaire (reine des prés), la Camomille, le Fraisier.

Exemples d'utilisation

Tisanes :

une décoction : ajouter 20 g d'écorces de Saule blanc à 500 cc d'eau. Faire bouillir le tout quinze minutes. Laisser infuser dix minutes. Filtrer. Répartir le tout dans la journée.

une macération : ajouter 10 g de racines secondaires d'Harpagophytum à un litre d'eau. Faire bouillir le tout quinze minutes. Retirer de la source de chaleur. Laisser ensuite macérer toute la nuit. Filtrer au matin. Répartir le tout dans la journée.

Gélules d'extraits secs : un mélange d'Harpagophytum et de Vergerette du Canada (0,200 g de chaque par gélule), quatre à six gélules par jour.

Gélules gastro-résistantes d'huiles essentielles (HE) : un mélange d'HE de Genévrier et de Camomille, uniquement sur prescription médicale.

S.I.P.F. : un mélange de S.I.P.F. de Prêle et de Cassis, ou de Cassis et d'Ulmaire, une mesure deux à trois fois par jour dans une tasse de tisane.

La voie externe : on peut préparer des gels avec des *extraits glycoliques*. Exemple : un mélange de Prêle + Harpagophytum + Ulmaire ou un mélange de Genévrier + Harpagophytum. Ces gels sont utilisés en frictions.

Trois plantes importantes pour les rhumatismes

☐ Cassis ou Ribes nigrum

Il s'agit d'un arbrisseau de la famille des Saxifragacées. Touffu, atteignant un mètre cinquante de haut, il est surtout cultivé dans l'est de la France.

Le Cassis est très riche en vitamine C. On utilise la feuille et le fruit. Dans les feuilles, on trouve une huile essentielle qui contient du cymène ainsi que des pigments anthocyaniques. Si le Cassis est connu pour ses propriétés dans les troubles circulatoires veineux et capillaires, il est encore plus indiqué dans les maladies rhumatismales grâce à son action anti-inflammatoire.

☐ Harpagophytum ou Harpagophytum procumbens

Encore appelé « griffe du diable » à cause des griffes acérées dont est garni son fruit ligneux, l'Harpagophytum appartient à la famille des Pédaliacées. Il pousse en Afrique du Sud, dans les déserts du Kala-Hari. Ses principes actifs ont pu être isolés : des iridoïdes de type aucuboside ; le principal est l'harpagoside, les deux autres étant l'harpagide et la procumbide.

L'Harpagophytum est une grande plante anti-inflammatoire. Elle est utilisée à ce titre dans les maladies rhumatismales mais également dans les autres inflammations (O.R.L., stomatologie). Des travaux allemands ont pu également souligner l'action favorable de l'Harpagophytum sur le cholestérol, l'acide urique et le sucre sanguin. Son utilisation est devenue très courante.

☐ Vergerette du Canada ou Erigeron canadensis

Cette plante herbacée de dix à cent centimètres appartient à la famille des Composées (Radiées). Elle pousse surtout dans les endroits humides, en Amérique du Nord, en Europe, en Asie Occidentale et Centrale, en Afrique du Nord.

On utilise la plante fleurie. Ses principes actifs sont surtout : le tannin, l'acide gallique et une huile essentielle à constituants terpéniques. En dehors de son action diurétique et légèrement hypotensive, elle est généralement utilisée comme anti-rhumatismale.

Maladies de la peau et des phanères

Acné

Nous envisagerons essentiellement l'acné juvénile.
L'acné est une maladie de la peau en rapport avec une lésion ou un trouble des follicules pileux. Elle se manifeste par :
— une hypersécrétion sébacée,
— une hyperkératinisation qui contribue à former le comédon,
— souvent une inflammation.

Le plus souvent, on trouve à l'origine de l'acné un déséquilibre hormonal avec plus particulièrement chez les femmes un déficit en œstrogènes dans la première moitié du cycle, parfois en progestérone dans la deuxième moitié.

La cause peut être aussi une bactérie appelée Propionibacterium acnéi.

L'acné atteint surtout les adolescents mais peut très bien se voir même à un âge avancé.

La phytothérapie peut tenir une place importante dans le traitement de l'acné.

Plantes d'utilisation courante

À visée de drainage (très important) : Bardane, Calendula (souci des jardins), Pensée sauvage, Saponaire, Salsepareille, Plantain, Arnica, Carline, Aspérule odorante, Artichaut, Pissenlit, Fumeterre, Boldo.

À visée de désinfection : Lavande, Thym, Sarriette, Origan.

À visée hormonale :
— contre l'hyper-androgynisme (trop d'hormones masculines chez les femmes) : le Houblon ;

— pour pallier la baisse des œstrogènes : Sauge, Cyprès ;
— pour pallier la baisse de la progestérone : Alchémille.

À visée anti-inflammatoire : Harpagophytum, Cassis, Ulmaire, Vergerette du Canada.

À visée sédative : souvent utilisées, l'acné entraînant fréquemment une certaine dystonie neurovégétative : Aubépine, Lotier, Mélilot, Mélisse, Passiflore, Tilleul, Valériane.

Exemples d'utilisation

— Drainage général :
S.I.P.F. : un mélange de S.I.P.F. d'Artichaut et de Pissenlit, une mesure deux à trois fois par jour dans une tasse de tisane.

— Drainage plus spécifique de la peau :
Gélules d'extraits secs : un mélange de Bardane et de Calendula (0,2 g de chaque par gélule), quatre gélules par jour.

Tisane : une décoction de 10 g de racines de Bardane et 10 g de rhizomes de Saponaire. Ajouter le tout à 500 cc d'eau. Faire bouillir quinze minutes. Filtrer. Boire trois tasses par jour.

— Désinfection :
Gélules gastro-résistantes d'huiles essentielles (HE) : un mélange de Lavande + Thym + Sarriette : sur prescription médicale uniquement.

— À visée hormonale :
Pour lutter contre l'hyperandrogynisme chez les femmes : *gélules de poudre* de Houblon (0,350 g par gélule) : quatre gélules par jour.

Pour pallier l'hypofolliculie : *gélules gastro-résistantes d'huiles essentielles* (HE), un mélange de Sauge + Cyprès pendant la première moitié du cycle (uniquement sur prescription médicale).

Pour pallier la baisse de progestérone : *gélules d'extraits secs* d'Alchémille : pendant la deuxième moitié du cycle (sur avis médical également).

— À visée anti-inflammatoire :
Gélules d'extraits secs: Harpagophytum (0,400 g par gélule) : trois à quatre gélules par jour.

— À visée sédative :
Gélules d'extraits secs: un mélange de Lotier et d'Aubépine (0,200 g de chaque par gélule) : trois à quatre gélules par jour.
S.I.P.F.: un mélange de Passiflore et de Mélisse, une mesure deux à trois fois par jour dans une tasse de tisane.

Par voie externe, et surtout si l'acné est localisée, on peut utiliser : *des extraits glycoliques* de Bardane + Calendula + Prêle en un gel, ou des solutions préparées à partir d'*huiles essentielles* dans des excipients comme la glycérine ou l'huile d'Amandes douces (les applications se font une ou deux fois par jour).

Ces traitements sont bien entendu à poursuivre au long cours, sous surveillance médicale.

Mycoses

Il s'agit d'affections parasitaires, provoquées par des champignons.

Les mycoses peuvent se localiser sur la peau, les muqueuses, mais on peut également observer des mycoses internes (intestinales par exemple). Nous envisagerons les mycoses cutanées.

La phytothérapie donne souvent de bons résultats ; on est parfois obligé d'y associer les traitements allopathiques.

Plantes d'utilisation courante

Pour le drainage : Artichaut, Bardane, Pissenlit, Calendula (souci des jardins), Fumeterre, Pensée sauvage.

Pour l'action anti-parasitaire : Thym, Genévrier, Niaouli, Sarriette, Pin, Géranium.

Exemples d'utilisation

— Pour le drainage :
Gélules d'extraits secs : un mélange de Fumeterre et d'Artichaut (0,200 g de chaque par gélule), trois à quatre gélules par jour.
S.I.P.F. : un mélange de Bardane + Pissenlit, une mesure deux à trois fois par jour dans une tasse de tisane.
Tisane : une infusion composée de Fumeterre + Plantain + Pensée sauvage : ajouter 5 g de chaque plante dans 500 cc d'eau bouillante. Laisser infuser dix minutes. Filtrer. Boire trois tasses par jour.

— Pour l'action anti-parasitaire :
Gélules gastro-résistantes d'huiles essentielles (HE) : un mélange d'HE de Thym + Genévrier + Géranium (sur prescription médicale uniquement).

Localement, on peut également utiliser des solutions d'HE, à appliquer deux fois par jour par exemple. Ici aussi, les traitements seront suffisamment prolongés et sous surveillance médicale.

Psoriasis

Cette maladie de la peau se caractérise par la présence de plaques recouvertes d'écailles qui s'enlèvent facilement au grattage, laissant apparaître une surface rouge saignant aisément.

Les plaques siègent surtout au niveau des coudes, des genoux, du cuir chevelu, du sacrum. Mais on peut également les voir apparaître sur tout le corps.

C'est une maladie d'évolution chronique, difficile à soigner. En général, les poussées surviennent à l'occasion d'une contrariété ou d'une agression. Le psoriasis est la plupart du temps lié à un déséquilibre neurovégétatif (terrain « dystonique »).

La phytothérapie va tenir une place importante dans le traitement.

Plantes d'utilisation courante

Au premier plan, les plantes sédatives : Passiflore, Aubépine, Ballotte, Lotier, Mélilot, Mélisse, Saule blanc, Tilleul, Valériane, Pavot jaune de Californie.

Mais également les plantes de drainage : Bardane, Calendula (Souci des jardins), Saponaire, Pissenlit, Artichaut, Fumeterre, Chardon Marie.

Exemples d'utilisation

Tisanes :

— une infusion sédative : un mélange de Passiflore + Aubépine, 5 g de chaque plante pour 500 cc d'eau bouillante. Laisser infuser dix minutes. Filtrer. Boire deux à trois tasses par jour ;

— une décoction de drainage : un mélange de Bardane + Saponaire, 10 g de racines de Bardane + 10 g de rhizomes de Saponaire. Ajouter le tout à 500 cc d'eau. Faire bouillir le tout quinze minutes. Filtrer. Boire deux à trois tasses par jour.

Gélules d'extraits secs :

— un mélange d'Aubépine + Saule blanc (0,200 g de chaque par gélule), deux à quatre gélules par jour (à titre sédatif) ;

— un mélange de Chardon Marie + Fumeterre (idem) (à titre de drainage).

S.I.P.F. :

— un mélange sédatif : Passiflore + Valériane : une mesure deux à trois fois par jour dans une tasse de tisane ;

— un mélange de drainage : Bardane + Pissenlit (idem).

En usage externe, on pourra faire, surtout si le psoriasis est localisé, des applications de compresses trempées dans une décoction de Bardane : faire bouillir 50 g de racines de Bardane dans 500 cc d'eau pendant quinze minutes. Laisser infuser dix minutes. Filtrer. Utiliser tiède ou froid pour imbiber les compresses.

Zona

Cette affection, due à un virus neurotrope (qui a une affinité pour les nerfs), se caractérise par des douleurs siégeant d'un seul côté. Peu après, apparaît une éruption qui est située sur le trajet de cette douleur, et toujours unilatérale. Cela peut durer de quatre à douze jours, mais laisser de douloureuses séquelles pendant plusieurs mois.
Si le zona est diagnostiqué dès les premières heures, la phytothérapie peut jouer un rôle considérable.

Plantes d'utilisation courante

Antalgiques et anti-inflammatoires : Saule blanc, Cassis, Ulmaire, Harpagophytum, Vergerette du Canada.

De drainage : Prêle, Bardane, Calendula (souci des jardins), Artichaut, Fumeterre, Pissenlit.

De désinfection (antiseptiques) : Sarriette, Thym, Géranium, Cyprès.

Exemples d'utilisation

— À visée antalgique et anti-inflammatoire :
Gélules d'extraits secs : un mélange d'Harpagophytum et de Vergerette du Canada (0,200 g de chaque par gélule), quatre à six gélules par jour.
S.I.P.F. : un mélange de Cassis + Ulmaire : une mesure trois à quatre fois par jour dans une tasse de tisane.

— À visée de drainage :
Gélules d'extraits secs : un mélange de Fumeterre + Arti-

chaut (0,150 g de chaque par gélule) : trois à quatre gélules par jour.

S.I.P.F. : un mélange de Pissenlit + Bardane + Artichaut : une mesure deux à trois fois par jour dans une tasse de tisane.

— À visée antiseptique :

Gélules gastro-résistantes d'huiles essentielles (HE) : un mélange d'HE de Cyprès + Géranium (sur prescription médicale seulement).

Et surtout par voie locale, des applications plusieurs fois par jour, dès les premiers symptômes, d'une solution d'HE.

Eczéma

Il s'agit d'une lésion de la peau qui se caractérise par un placard rouge vif, légèrement surélevé, entraînant des démangeaisons parfois insupportables. Apparaissent ensuite des petites vésicules transparentes qui éclatent, laissant suinter une sérosité. Tout ceci évolue par poussées successives.

L'eczéma est une réaction de la peau à une atteinte générale de l'organisme, à un terrain particulier, souvent allergique. C'est dire qu'il va falloir essentiellement soigner l'eczéma par un traitement de terrain, général. Les traitements locaux doivent être très prudents ; ils peuvent en effet raviver les choses.

La phytothérapie sera toujours utilisée en ce qui concerne le terrain. Elle peut être associée dans des cas sévères aux traitements « allopathiques » habituels.

Plantes d'utilisation courante

À visée sédative : Passiflore, Aubépine, Lotier, Mélisse, Mélilot, Coquelicot, Tilleul.

À visée de drainage : Artichaut, Bardane, Pissenlit, Salsepareille, Pensée sauvage, Calendula (Souci des jardins).

Maladies de la peau et des phanères

Terrain allergique : Cassis, Églantier, Réglisse, Éleuthérocoque.

Exemples d'utilisation

— À visée sédative :
Tisane : une infusion composée d'un mélange de Coquelicot + Passiflore + Tilleul. Ajouter 5 g de chaque plante à 500 cc d'eau bouillante. Laisser infuser dix minutes ; Filtrer. Boire trois tasses par jour.
Gélules d'extraits secs : un mélange de Lotier + Passiflore (0,200 g de chaque par gélule), deux à trois gélules par jour.
S.I.P.F. : un mélange d'Aubépine + Mélisse + Mélilot : une mesure deux à trois fois par jour dans une tasse de tisane.

— À visée de drainage :
Tisane : une décoction composée d'un mélange de Bardane + Pensée sauvage + Salsepareille. Ajouter 50 g de chaque plante à 500 cc d'eau. Faire bouillir le tout dix à quinze minutes. Filtrer. Boire trois tasses par jour.
Gélules d'extraits secs : un mélange de Pissenlit + Artichaut (0,150 g de chaque par gélule) : deux à trois gélules par jour.

— Terrain allergique :
Macérats glycérinés : de Cassis (Ribes Nigrum) et d'Églantier (Rosa Canina) : on ajoute 40 gouttes de chaque plante dans un demi-verre d'eau (trois à quatre fois par jour).
Gélules d'extraits secs : Éleuthérocoque (renforce les défenses de l'organisme). Gélules à 0,300 g : une gélule le matin, une à midi.

Localement, traitement doux : appliquer des compresses imbibées de cette décoction composée : Bouillon blanc + Bouleau + Mauve : 10 g de chaque dans 500 cc d'eau. Faire bouillir le tout dix minutes. Filtrer.

En cas de fortes démangeaisons, un vieux remède toujours valable : cataplasme de pulpe fraîche de carottes : râper des carottes. Appliquer la pulpe en cataplasme. Cela calme très vite les démangeaisons.

Herpès

Comme le zona, c'est une affection due à un virus neurotrope (qui a une affinité pour les nerfs).
L'herpès se caractérise par l'éruption de vésicules groupées en bouquets. On les retrouve le plus souvent autour de la bouche, du nez, des organes génitaux. Parfois, il est très étendu. Il est très contagieux.
La phytothérapie constitue un traitement d'appoint intéressant.

Plantes d'utilisation courante

Pour renforcer les défenses de l'organisme : Éleuthérocoque, Cassis.

Pour drainer : Artichaut, Bardane, Piloselle, Orthosiphon, Pissenlit, Fumeterre.

Pour désinfecter : Sarriette, Thym, Sauge sclarée, Niaouli, Genévrier.

Exemples d'utilisation

— Pour renforcer les défenses :
Gélules d'extraits secs : Éleuthérocoque (0,300 g par gélule) : une gélule le matin et une à midi.
S.I.P.F. : de Cassis : une mesure deux à trois fois par jour dans une tasse de tisane.

— Pour drainer :
Gélules d'extraits secs :
un mélange de Bardane et de Fumeterre (0,150 g de chaque par gélule) : deux à trois gélules par jour,
un mélange de Piloselle et d'Orthosiphon (0,200 g de chaque par gélule) : deux à trois gélules par jour.
S.I.P.F. : un mélange d'Artichaut et de Pissenlit : une mesure deux ou trois fois par jour dans une tasse de tisane.

— Pour désinfecter :
Gélules gastro-résistantes d'huiles essentielles (HE) : un mélange d'HE de Sarriette + Sauge sclarée + Thym (uniquement sur prescription médicale).

Localement, on pourra procéder à des attouchements avec une solution d'HE de Genévrier + Niaouli + Thym ou à une application locale d'un gel fabriqué à partir d'*extraits glycoliques* tels que Bardane + Calendula + Harpagophytum.

Prurit

Il s'agit de démangeaisons, parfois fort désagréables.
Le plus souvent, le prurit est en rapport avec une maladie générale qu'il faudra rechercher, comme le diabète par exemple, ou une affection allergique.
La phytothérapie constitue un traitement d'appoint non négligeable, surtout en ce qui concerne la thérapeutique de terrain.

Plantes d'utilisation courante

De drainage :
— hépatique : Artichaut, Boldo, Radis noir ;
— rénal : Piloselle, Orthosiphon, Pissenlit ;
— pancréatique : Bardane, Fumeterre ;

— cutané : Bardane, Calendula (souci des jardins) ;
— intestinal : Mauve, Casse.
Anti-allergique : Cassis, Églantier, Réglisse, Sapin.

Exemples d'utilisation

— Plusieurs formules de drainage :
Gélules d'extraits secs :
un mélange de Boldo + Radis noir (0,050 g de chaque par gélule) : deux gélules par jour ;
un mélange de Piloselle + Orthosiphon (0,150 g de chaque par gélule) : deux à trois gélules par jour.
Gélules de poudre : un mélange de Mauve + Casse (0,150 g de chaque par gélule), deux à trois gélules par jour.
S.I.P.F. : un mélange de Pissenlit + Bardane + Artichaut, une mesure deux à trois fois par jour dans une tasse de tisane.

— Anti-allergique :
Gélules de poudre : de Réglisse (0,300 g par gélule) : deux à trois gélules par jour (contre-indiqué chez l'hypertendu).
S.I.P.F. de Cassis : une mesure deux à trois fois par jour dans une tasse de tisane.
Macérats glycérinés de Cassis (Ribes Nigrum), d'Églantier (Rosa Canina), 40 gouttes de chaque dans un demi-verre d'eau, trois ou quatre fois par jour.

Bien entendu, il faudra, si le prurit est dû à une maladie bien déterminée comme le diabète, soigner aussi la maladie.

Abcès

On distinguera essentiellement deux catégories :
— les *abcès chauds* d'origine infectieuse.
Il s'agit d'un amas de pus collecté dans une cavité formée aux

dépens des tissus mous environnants, qui ont été détruits ou repoussés.

Au début, cet abcès est chaud, dur, douloureux au toucher. Si on laisse évoluer les choses, il deviendra fluctuant et nécessitera une petite intervention chirurgicale (incision et parfois pose d'un drain).

La phytothérapie tient une bonne place dans la thérapeutique.

Plantes utilisables

Antiseptiques : Sarriette, Thym, Eucalyptus.
De drainage : Bardane, Souci des jardins.
Anti-inflammatoires : Harpagophytum, Vergerette du Canada, Cassis.
En traitement local : Bardane, Chou, Lin.

Exemples d'utilisation

Pour un abcès chaud commençant à se collecter et n'ayant pas encore atteint le stade chirurgical :

— prendre trois à quatre fois par jour une *gélule gastro-résistante d'un mélange d'huiles essentielles* : Sarriette + Thym (uniquement sur prescription médicale) ;

— ajouter aux trois repas une *gélule d'extrait sec* d'Harpagophytum à 0,350 g ;

— matin et soir, une mesure de *suspension intégrale de plante fraîche* de Bardane ;

— enfin, localement trois à quatre fois par jour, appliquer pendant dix à quinze minutes une des préparations suivantes :

cataplasme de farine de Lin : cette farine est obtenue en broyant les graines de Lin ; elle est placée dans un récipient creux. On y ajoute de l'eau assez chaude en remuant. La pâte obtenue est placée entre deux compresses et le tout appliqué, tiède, sur l'abcès ;

feuilles de chou : on enlève la nervure centrale. On écrase les nervures collatérales avec une bouteille. On fait tiédir les feuilles sur une poêle et on en applique deux ou trois, sur l'abcès. On fait tenir par l'intermédiaire d'une bande ;

décoction de Bardane : faire bouillir 50 g de racines de Bardane dans un litre d'eau pendant quinze minutes. Laisser infuser dix minutes. Filtrer. Bien imbiber ensuite des compresses avec cette décoction et appliquer localement, assez chaud, pendant dix minutes environ.

— **les *abcès froids*:**
Ils sont dus le plus souvent à une maladie générale comme la tuberculose et ils évoluent sans réaction inflammatoire.
Ici, c'est surtout le terrain qu'il faudra soigner ainsi, bien entendu, que la maladie en cause.

Plantes utilisables

Renforçant les défenses de l'organisme : Éleuthérocoque, Cassis.

Antalgiques dans certains cas : Saule blanc, Reine des prés, Harpagophytum.

Exemples d'utilisation

Prendre matin et midi une *gélule* d'Éleuthérocoque extrait sec à 0,300 g

avant les trois repas, une *gélule* de Saule blanc extrait sec à 0,350 g.

Furoncle — anthrax

Le furoncle est une inflammation localisée de la peau à partir d'un follicule pileux. Il se présente comme une tuméfaction en

forme de clou, souvent douloureuse, en rapport avec une infection due en général à un staphylocoque pyogène doré.
L'anthrax procède du même principe, mais ici il y a dans une petite surface plusieurs foyers infectieux, en fait plusieurs furoncles.
Souvent, anthrax ou furoncles récidivent. Il faut toujours rechercher une cause générale, diabète en particulier.
La phytothérapie constitue un traitement d'appoint non négligeable.

Plantes d'utilisation courante

Antalgiques et anti-inflammatoires : Harpagophytum, Vergerette du Canada, Cassis, Ulmaire.
Anti-infectieuses : Sarriette, Thym, Eucalyptus, Niaouli, Genévrier.
De drainage : Bardane, Salsepareille, Fumeterre, Artichaut, Pissenlit.

Exemples d'utilisation

— Antalgiques et anti-inflammatoires :
Gélules d'extraits secs: Harpagophytum à 0,400 g par gélule, quatre gélules par jour.
S.I.P.F.: mélange de S.I.P.F. de Cassis + Ulmaire, une mesure trois fois par jour dans une tasse de tisane.

— Anti-infectieuses :
Gélules gastro-résistantes d'huiles essentielles (HE) : un mélange d'HE de Sarriette + Thym + Eucalyptus (sur prescription médicale); localement, une solution d'HE : un mélange d'HE de Géranium + Genévrier + Niaouli.

— Drainage :
Gélules d'extraits secs: un mélange de Fumeterre + Artichaut (0,150 g de chaque par gélule), trois à quatre gélules par jour.
S.I.P.F.: un mélange de Pissenlit + Bardane + Arti-

chaut, une mesure deux à trois fois par jour dans une tasse de tisane.

Localement, on pourra aussi utiliser des gels fabriqués à partir d'*extraits glycoliques* de Bardane + Calendula + Genévrier par exemple.

Panaris

Inflammation aiguë d'un doigt, survenant le plus souvent à la suite d'une piqûre septique.
La phytothérapie est un bon traitement d'appoint.
Dans certains cas, on sera amené à inciser.

Plantes d'utilisation courante

Antalgiques et anti-inflammatoires : Harpagophytum, Saule blanc, Vergerette du Canada, Cassis, Ulmaire.
Anti-infectieuses ou antiseptiques : Sarriette, Thym, Eucalyptus, Genévrier.
De drainage : Bardane, Salsepareille, Saponaire, Calendula (souci des jardins).

Exemples d'utilisation

— Antalgiques et anti-inflammatoires :
Gélules d'extraits secs : Harpagophytum à 0,400 g par gélule), quatre gélules par jour.
S.I.P.F. : un mélange de S.I.P.F. de Cassis + Ulmaire : une mesure deux à trois fois par jour dans une tasse de tisane.

— Anti-infectieuses et antiseptiques :
Gélules gastro-résistantes d'huiles essentielles (HE) : un mélange de Sarriette + Thym + Eucalyptus.

— Drainage :
Tisane : une décoction composée de 10 g de racines de Bardane + 10 g de rhizomes de Saponaire pour 500 cc d'eau. Faire bouillir le tout quinze minutes. Filtrer. Boire trois tasses par jour.
S.I.P.F. de Bardane : une mesure deux à trois fois par jour dans une tasse de tisane.

Localement, on pourra utiliser un gel fabriqué à partir d'*extraits glycoliques* de plantes telles que Genévrier + Bardane + Calendula (souci des jardins).

On pourra également tremper le doigt dans une *décoction* concentrée de racines de Bardane : 80 g pour un litre d'eau. Faire bouillir quinze minutes. Filtrer et utiliser assez chaud de préférence, par voie externe.

Piqûres d'insecte

**Souvent, les piqûres peuvent être à l'origine de graves désordres. On peut être amené à faire dans les meilleurs délais une injection intra-veineuse d'un dérivé de la cortisone pour éviter une crise d'étouffement.
La phytothérapie constituera toujours un bon appoint.**

Plantes d'utilisation courante

Antalgiques et anti-inflammatoires : surtout l'Harpagophytum.
Anti-allergiques : Cassis, Églantier.

Exemples d'utilisation

Prendre pendant trois ou quatre jours dans le même verre d'eau :
— quatre gélules par jour d'*extrait sec* d'Harpagophytum à 0,200 g par gélule ;
— et 40 gouttes quatre fois par jour d'un *macérat glycériné* de Cassis (Ribes Nigrum) et d'Églantier (Rosa Canina).

Par voie locale, on peut utiliser :
— des feuilles de Persil pour les piqûres de moustiques ;
— le bulbe d'oignon pour les piqûres d'abeilles ;
— le bulbe d'ail pour celles d'araignées.

Brûlures

Il n'est question ici que des brûlures du premier degré de moyenne étendue, les grandes brûlures constituant de véritables états de choc soignés en réanimation.
La phytothérapie peut tenir une place intéressante.

Plantes d'utilisation courante

Antalgiques et anti-inflammatoires : Harpagophytum, Cassis, Ulmaire.
Favorisant la cicatrisation : Prêle, Hydrocotyle (Centella asiatica).

Exemples d'utilisation

Par voie interne, on conseillera pendant quatre à cinq jours une mesure trois fois par jour d'un mélange de *S.I.P.F.* de Cassis et d'Ulmaire.

Localement, on appliquera des gels fabriqués à partir d'*extraits glycoliques* de plantes telles que Hydrocotyle + Prêle + Harpagophytum.

Contusions

Dans le cas de petites contusions, banales, telles que peuvent en présenter des enfants ou des adultes après une chute (petits hématomes par exemple), les plantes peuvent rendre de très grands services. Qui n'a pas eu recours à la teinture d'Arnica, un grand « classique » de toute armoire à pharmacie familiale ?

Plantes d'utilisation courante

Antalgiques et anti-inflammatoires : Harpagophytum, Saule blanc, Cassis, Genévrier.
Désinfiltrantes (enlèvent l'œdème) : Arnica, Lédon des marais.

Exemples d'utilisation

Conseiller par voie interne quatre gélules par jour d'un mélange d'*extrait sec* de Saule blanc + Harpagophytum (0,200 g de chaque par gélule) et trois fois par jour 30 gouttes de *teinture mère* de chaque flacon : Arnica et Lédon des marais.

Localement, applications fréquentes d'un gel à base d'*extraits glycoliques* de : Harpagophytum + Genévrier + Lierre ou de compresses imbibées d'une décoction d'Arnica obtenue avec 30 g de fleurs et feuilles mises à bouillir dans un litre d'eau pendant dix minutes et filtrée.

Coups de soleil

Nous n'envisagerons que ceux du premier degré, très douloureux par ailleurs et pouvant même entraîner une élévation de la température.
La phytothérapie trouve ici tout son intérêt.

Plantes d'utilisation courante

Antithermiques : Saule blanc, Bourrache.
Antalgique : Harpagophytum.
Adoucissantes par voie externe : Bardane, Calendula (souci des jardins).

Exemples d'utilisation

On indiquera une *décoction* de Saule blanc : faire bouillir 70 g d'écorces de Saule blanc dans un litre d'eau pendant quinze minutes. Filtrer. Boire plusieurs tasses dans la journée.

Prendre également trois à quatre gélules par jour (pendant 48 heures) d'*extrait sec* d'Harpagophytum (à 0,400 g par gélule).

Localement, utiliser un gel à base d'*extraits glycoliques* de Bardane + Calendula + Genévrier plusieurs fois par jour pendant deux ou trois jours.

Couperose

Il s'agit d'un trouble de la peau du visage, caractérisé par une congestion et une dilatation des vaisseaux, compliqué souvent d'une altération des glandes sébacées.
Dans certains cas, on pourra avoir recours au laser ou à l'électrocoagulation). Mais en dehors de ces moyens mécaniques la phytothérapie peut être d'un bon secours.

Plantes d'utilisation courante

Ce sont surtout celles de la circulation veineuse et celles de la peau : Fragon, Marron d'Inde, Hamamélis, Vigne rouge, Mélilot, Bardane, Calendula (souci des jardins), Eupatoire, Mauve.

Exemples d'utilisation

Gélules d'extrait sec : un mélange de Vigne rouge et de Fragon (0,200 g de chaque par gélule), quatre à six gélules par jour.

S.I.P.F. : un mélange de Marron d'Inde + Mélilot, une mesure deux ou trois fois par jour dans une tasse de tisane ou un verre d'eau.

Localement, application de compresses bien imbibées d'un *décocté* tel celui de Vigne rouge : faire bouillir 100 g de feuilles de Vigne rouge dans un litre d'eau pendant vingt minutes. Laisser infuser dix minutes. Filtrer.

Dartres

Encore appelées pytiriasis, les dartres sont une affection de la peau qui se caractérise par une fine desquamation.
La phytothérapie tient une place importante dans leur traitement.

Plantes d'utilisation courante

Essentiellement de drainage : Artichaut, Pissenlit, Bardane, Calendula (souci des jardins), Pensée sauvage, Saponaire, Patience, Prêle.
Pour la cicatrisation : Centella asiatica.

Exemples d'utilisation

Gélules d'extraits secs : un mélange d'Artichaut + Pissenlit (0,200 g de chaque par gélule), deux gélules par jour.

S.I.P.F. : un mélange de Pissenlit + Bardane, une mesure deux fois par jour dans une tasse de tisane.

Tisane : une décoction. Ajouter 15 g de racines de Saponaire à 500 cc d'eau. Faire bouillir le tout dix minutes. Laisser infuser dix minutes. Filtrer. Boire deux à trois tasses par jour.

Localement, on peut appliquer un gel à base d'*extraits glycoliques* : Centella asiatica + Prêle + Bardane.
On peut également faire des applications de suc frais de Concombre.

Engelures

C'est une lésion due au froid, siégeant surtout au niveau des doigts et des orteils.
Elle est caractérisée par une enflure rouge, dure, douloureuse, qui peut se compliquer de crevasses.
Elle survient plus facilement chez les personnes ayant une circulation déficiente.
La phytothérapie va jouer un rôle important.

Plantes d'utilisation courante

À visée circulatoire : Hamamélis, Vigne rouge, Marron d'Inde, petit Houx, Mélilot, petite Pervenche, Ginkgo biloba.
À visée antalgique et anti-inflammatoire : Cassis, Harpagophytum.
À visée cutanée : Bardane, Calendula (Souci des jardins).

Exemples d'utilisation

— À visée circulatoire :
Gélules d'extrait sec : un mélange de Vigne rouge + Fragon (0,200 g de chaque par gélule), quatre à six gélules par jour.
S.I.P.F. : un mélange de Marron d'Inde + Mélilot, une mesure deux fois par jour dans une tasse de tisane.
Teintures mères (TM) : un mélange de TM de petite Pervenche + Ginkgo biloba, 40 gouttes trois fois par jour.

— Antalgiques et anti-inflammatoires :
Gélules d'extrait sec d'Harpagophytum à 0,400 g par gélule : quatre gélules par jour.

S.I.P.F. de Cassis : une mesure deux ou trois fois par jour dans une tasse de tisane.

Localement : gel à base d'*extraits glycoliques* : Vigne Rouge + Fragon + Harpagophytum, ou Centella asiatica + Bardane + Marron d'Inde.

Taches de rousseur

On nomme aussi lentigo ces petites taches pigmentaires siégeant surtout aux mains, au cou, au visage, plus visibles en été qu'en hiver et plus fréquentes chez les personnes rousses.

De nombreuses plantes ont une action efficace sur elles :
— Citron : lotion trois fois par jour avec un jus de citron légèrement salé.
— Cresson : mélanger 60 g de jus de Cresson avec 30 g de miel. Filtrer au travers d'un linge et utiliser matin et soir en lotion.
— Fraise : écraser quelques fraises. S'en servir comme d'un masque de beauté sur le visage en le gardant plusieurs heures. Nettoyer ensuite à l'eau tiède.
— Persil : faire tremper 50 g de Persil dans un verre d'eau pendant deux heures. Utiliser ensuite en lavage du visage.

Verrues

Elles représentent une affection fréquente, due à des virus. Elles peuvent offrir un aspect banal mais dans certains cas il peut y en avoir plusieurs groupées ou disséminées, ce qui finit

par constituer un véritable handicap et nécessiter une petite intervention chirurgicale. Elles sont contagieuses.

De multiples traitements sont proposés, tous plus ou moins efficaces ; la phytothérapie y tient une bonne place.

Signalons l'intérêt :
— de la Chélidoine, encore surnommée « herbe à verrues » ou « herbe à cors ». On l'utilise surtout par voie externe. Il faut disposer de plante fraîche (facile à la campagne). En coupant la tige, on voit sourdre un suc jaune orangé qu'il faut appliquer *strictement* sur la verrue (il peut en effet attaquer la peau saine). **Attention : la Chélidoine est toxique** ;
— du Figuier : ici aussi, il faut se trouver dans une région où pousse le Figuier. On casse une tige et on applique sur la verrue le suc laiteux qui s'en écoule ;
— du Souci : il a l'avantage sur la Chélidoine de ne pas être toxique. On utilise les feuilles fraîches écrasées ou leur suc que l'on applique sur les verrues.

Chutes de cheveux (Alopécies)

Elles peuvent être partielles ou généralisées.
Dans les causes possibles :
— émotivité,
— troubles endocriniens,
— troubles vasculaires,
— séquelles de certaines maladies infectieuses comme la fièvre thyphoïde.

La phytothérapie constitue un traitement complémentaire intéressant.

Plantes d'utilisation courante

À visée sédative : Passiflore, Aubépine, Lotier, Saule blanc, Mélisse, Valériane, Tilleul, Ballotte.

À visée de drainage : Bardane, Calendula (Souci des jardins), Saponaire, Salsepareille.

Exemples d'utilisation

— À visée sédative :
Gélules d'extraits secs : un mélange de Lotier + Aubépine (0,200 g de chaque par gélule), trois à quatre gélules par jour.
S.I.P.F. : un mélange de Passiflore + Valériane ou Mélisse, une mesure deux fois par jour dans une tasse de tisane.

— À visée de drainage :
S.I.P.F. : un mélange de S.I.P.F. de Bardane + Pissenlit + Artichaut, une mesure deux fois par jour dans une tasse de tisane.

Traitement local : de très nombreuses plantes sont connues pour leurs propriétés au niveau du cuir chevelu. Nous allons en envisager quelques-unes en indiquant la manière de s'en servir :

— la Bardane ou *arctium lappa,* plante majeure de la peau, est une plante herbacée dont on utilise surtout la racine et les feuilles. Par voie générale, on peut utiliser les *gélules de poudre* ou la *suspension de plante fraîche.* Par voie locale, sur le cuir chevelu, contre la chute des cheveux, préparer la lotion capillaire suivante : faire macérer pendant huit jours dans 500 g de rhum, 100 g de racines de Bardane fraîche et 50 g de racines d'Ortie fraîche. Passer ensuite à travers un linge en exprimant. Avec la lotion obtenue, faire un massage quotidien du cuir chevelu.

— Le Buis, ou *buxus sempervirens,* est également une

plante intéressante dans la calvitie. Il ne faut pas en attendre bien sûr des résultats miraculeux, mais il est amusant de lire dans le *Précis de phytothérapie* de Leclerc cette anecdote rapportée par Lentilius : « Une jeune paysanne avait perdu ses cheveux au point que son crâne était dénudé comme un œuf. S'étant frictionné la tête avec une décoction de Buis, elle recouvra une épaisse toison de cheveux d'un beau châtain ; mais comme elle avait eu l'imprudence de se lotionner aussi la face et le cou, elle vit ces parties se recouvrir de poils qui lui donnaient une ressemblance parfaite avec une guenon. »

Au plan pratique, on fera des frictions quotidiennes avec la lotion suivante, qui aura au moins l'avantage d'être active sur les pellicules : faire macérer pendant une dizaine de jours 50 g de feuilles fraîches de Buis finement hachées dans un demi-litre de rhum, filtrer, ajouter au besoin pour parfumer quelques gouttes d'essence de Lavande.

— La Capucine ou *tropaeolum majus*, ou Cresson du Pérou : sa forte teneur en soufre en fait une plante qui tonifie le cuir chevelu et favorise la croissance des cheveux.

Voici également une formule indiquée par Leclerc : feuilles et semences fraîches de Capucine, feuilles fraîches d'Ortie, feuilles fraîches de Buis (100 g de chaque). Hacher les plantes et laisser macérer quinze jours dans un demi-litre d'alcool à 90°. On peut rajouter quelques gouttes d'essence de Géranium pour parfumer. Frictionner le cuir chevelu avec une brosse un peu rude.

— L'Ortie, ou *urtica urens*, est utilisée pour combattre la calvitie, tonifier le cuir chevelu, faire disparaître les pellicules. On pourra faire des lotions quotidiennes avec une décoction aqueuse ainsi obtenue : faire bouillir pendant quinze minutes 100 g de racines d'Ortie dans un litre d'eau. Filtrer.

Bien d'autres plantes sont également conseillées. Citons entre autres le Cresson, le Romarin, le Persil, la Sauge, le Thym. Cette liste n'est pas limitative.

Deux plantes importantes pour la peau

☐ Bardane ou Arctium lappa

C'est une grande plante herbacée dont la tige dressée peut atteindre quatre-vingts à cent cinquante centimètres. Elle appartient à la famille des Composées (tubulifères). Très courante en France et en Europe Centrale, elle pousse au bord des chemins, dans les endroits incultes, de préférence calcaires.

On emploie essentiellement la racine qui est riche en polyènes et polyines ainsi qu'en acides-alcools diurétiques. C'est une grande plante de drainage de la peau et du pancréas. On l'utilise également contre la chute des cheveux.

☐ Souci des jardins ou Calendula officinalis

Plante de trente à cinquante centimètres de haut, de la famille des Composées.

On utilise surtout les fleurs mondées. On y trouve une huile essentielle, des flavonoïdes, un saponoside, des alcools triterpéniques. Connu principalement comme plante de la peau, le Souci est utilisé par voie externe comme antiseptique, cicatrisant. Par voie interne, on l'emploie comme antispasmodique dans certains troubles digestifs et nerveux.

Maladies du nez, de la gorge et des oreilles (O.R.L.)

Angine - Pharyngite

L'angine est une inflammation de la gorge, la pharyngite, celle du pharynx (conduit qui constitue un carrefour des voies digestives et respiratoires).

Souvent angine et pharyngite sont associées. Parfois, elles sont en rapport avec une inflammation banale.

Mais il peut exister une infection due à des germes qu'il faudra identifier par des analyses particulières. Certains germes, comme le Streptocoque B hémolytique, sont très dangereux. L'angine peut alors se compliquer d'atteintes articulaires ou cardiaques.

Dans ces cas sévères, la phytothérapie ne peut être utilisée que comme un simple appoint de « l'artillerie lourde », toujours nécessaire.

Par contre, dans les inflammations banales, la phytothérapie peut constituer le traitement majeur.

Plantes d'utilisation courante

À visée antalgique et anti-inflammatoire : Harpagophytum, Vergerette du Canada, Saule blanc, Ulmaire, Cassis.

À visée antiseptique : Sarriette, Thym, Cannelle, Niaouli, Citron, Ronce, Noyer, Genévrier.

Pour renforcer les défenses : Cassis, Éleuthérocoque.

Drainage hépato-rénal : Artichaut, Pissenlit, Fumeterre.

Exemples d'utilisation

Traitement local :
— badigeonner avec un mélange d'*huiles essentielles* (sur prescription médicale) ;
— gargarismes avec des *décoctions :*
a) décoction d'écorce de Chêne : ajouter 80 g d'écorce de Chêne coupée en morceaux à un litre d'eau. Faire bouillir dix à quinze minutes. Filtrer. Plusieurs gargarismes assez chauds dans la journée.
b) décoction de Ronce + Noyer : ajouter 25 g de feuilles de Noyer à un demi-litre d'eau. Faire bouillir le tout pendant trois minutes. Laisser infuser vingt minutes. Filtrer. Faire plusieurs gargarismes chauds par jour.
— applications locales : le classique cataplasme de feuilles de chou. Faire bouillir des feuilles de Chou après avoir retiré les nervures centrales. Réduire en purée. Mettre entre deux compresses. Appliquer sur le cou.

Traitement général :
— À visée anti-inflammatoire :
Gélules d'extraits secs : un mélange d'Harpagophytum et de Vergerette du Canada (0,200 g de chaque par gélule), trois à quatre capsules par jour.
S.I.P.F. : un mélange de Cassis et d'Ulmaire : une mesure deux à trois fois par jour dans une tasse de tisane.

— À visée antiseptique :
Gélules gastro-résistantes d'huiles essentielles (HE) : un mélange de Sarriette + Thym + Eucalyptus (sur prescription médicale).

— Pour renforcer les défenses :
Gélules d'extraits secs d'Éleuthérocoque (0,300 g par gélule) : une gélule le matin.

— À visée de drainage :
S.I.P.F. : un mélange de Pissenlit et d'Artichaut, une mesure deux fois par jour dans une tasse de tisane.

Rhinites

Inflammation aiguë ou chronique de la muqueuse des fosses nasales, elles sont souvent dues à un microbe et accompagnées d'infection. Mais les causes allergiques se font de plus en plus fréquentes et variées du fait de l'environnement.
La phytothérapie est une thérapeutique intéressante dans la plupart des cas.
Qu'elles soient aiguës ou chroniques, nous utiliserons le même schéma de traitement. Seules les quantités et la durée pourront varier. Nous réserverons une place à part aux rhinites allergiques.

Rhinites aiguës et chroniques

Plantes d'utilisation courante

À visée de désinfection : Eucalyptus, Lavande, Pin, Sarriette, Genévrier, Thym.
À visée anti-inflammatoire : Harpagophytum, Cassis, Ulmaire, Vergerette du Canada, Oignon, Euphraise.
De drainage : Fumeterre, Artichaut, Bardane, Pissenlit.

Exemples d'utilisation

Par voie locale :
Inhalations :
— avec une solution alcoolique d'huiles essentielles (HE) mélangeant les HE d'Eucalyptus + Pin + Lavande + Sarriette (sur prescription médicale) ;
— avec des baies de Genévrier : faire bouillir 10 à 15 g de baies de Genévrier dans un litre d'eau et utiliser en fumigations ;
— avec une décoction de bourgeons de Pin : mettre 40 à 50 g de bourgeons de Pin dans un litre d'eau. Laisser macérer à froid pendant une heure. Chauffer jusqu'à ébullition et faire bouillir deux minutes. Laisser ensuite infuser dix minutes. Faire une inhalation de dix minutes.

Par voie générale :
— Désinfection :
Gélules gastro-résistantes d'huiles essentielles : un mélange de Sarriette + Thym + Eucalyptus (sur prescription médicale).

— Anti-inflammatoire :
S.I.P.F. : un mélange de Cassis + Ulmaire, une mesure deux ou trois fois par jour dans une tasse de tisane.
Teinture mère : Allium cepa (Oignon) TM, trente gouttes trois fois par jour dans un demi-verre d'eau.
Soulignons les propriétés intéressantes de l'Euphraise en *tisane* : préparer une décoction de 40 g de tiges fleuries d'Euphraise pour un litre d'eau. Faire bouillir deux minutes. Laisser infuser cinq minutes. Boire trois tasses par jour.

— Drainage :
Un mélange de *S.I.P.F. :* Pissenlit + Artichaut + Bardane, une mesure deux fois par jour dans une tasse de tisane.

Rhinites allergiques

**Ici, on soignera essentiellement le terrain.
On pourra localement utiliser le même traitement que pour les rhinites aiguës ou chroniques.**

Plantes d'utilisation courante

Action sur les cortico-surrénales : Cassis, Églantier, Réglisse.
Action anti-histaminique : Nielle des prés, Bouleau, Chêne.
Action sédative : Passiflore, Aubépine, Lotier, Tilleul, Mélisse, Valériane.

Exemples d'utilisation

— Relancer les cortico-surrénales :
des *macérats glycérinés :* Ribes nigrum (Cassis) + Rosa canina (Églantier), trente gouttes du mélange trois fois par jour dans un demi-verre d'eau,
une *TM* de Réglisse : 30 gouttes trois fois par jour dans un demi-verre d'eau ;

— action anti-histaminique :
des *macérats glycérinés :* Betula pubescens (Bouleau) + Quercus pedonculatus (Chêne), trente gouttes du mélange trois fois par jour dans un demi-verre d'eau,
une *TM :* Nigella sativa TM (Nielle des prés) : trente gouttes trois fois par jour dans un demi-verre d'eau ;

— action sédative :
un mélange de *S.I.P.F.*: Passiflore + Aubépine + Mélisse : une mesure deux à trois fois par jour dans une tasse de tisane.

Sinusites

Les sinusites résultent de la propagation d'une infection nasale ou dentaire aux sinus frontaux ou maxillaires (souvent les deux à la fois).

Les sinusites doivent être soignées rigoureusement sinon on risque de les voir se compliquer d'otite, de méningite ou autres infections graves.

Elles peuvent être aiguës, chroniques ou allergiques.

La phytothérapie est un excellent complément à l'allopathie dans les formes aiguës.

Dans les formes chroniques et allergiques, elle peut occuper une place majeure.

Formes aiguës et chroniques

Plantes d'utilisation courante

Action antiseptique : Sarriette, Thym, Eucalyptus, Pin, Niaouli.

Action décongestionnante et sédative : Guimauve, Chou.

Action anti-inflammatoire : Harpagophytum, Vergerette du Canada, Cassis, Ulmaire.

Action de drainage : Artichaut, Fumeterre, Bardane, Pissenlit.

Exemples d'utilisation

Par voie locale :
— *Inhalations :*
avec une décoction de Guimauve : 50 g de racines pour un litre d'eau. Faire bouillir dix minutes. Filtrer. Inhalation de dix minutes,
avec un soluté alcoolique d'huiles essentielles (HE) : un mélange de Sarriette + Thym + Niaouli (sur prescription médicale).

— Applications locales de compresses bien chaudes et bien imbibées de la décoction de Guimauve.

Par voie générale :
— Antiseptiques :
Gélules gastro-résistantes d'huiles essentielles (HE) : un mélange de HE de Sarriette + Thym + Niaouli (sur prescription médicale).

— Anti-inflammatoires :
Gélules d'extraits secs : un mélange d'Harpagophytum et de Cassis (0,200 g de chaque par gélule), quatre gélules par jour.

— Drainage :
Gélules d'extraits secs : un mélange Artichaut + Fumeterre (0,150 g de chaque par gélule), quatre gélules par jour.

Formes allergiques

On pourra utiliser le traitement de terrain de la rhinite allergique.

Otite

L'otite est une inflammation de l'oreille. Elle peut être interne ou externe et présenter divers degrés, de l'aigu au chronique.
Localement, on pourra conseiller des gouttes désinfectantes tiédies au bain-marie, préparées à partir d'huiles essentielles de Lavande et de Thym dans de la glycérine (sur prescription médicale).
Le traitement général reprendra les grandes lignes de celui des rhinites ou des sinusites.

Baisse de l'audition (presbyacousie)

Une des causes majeures de la presbyacousie qui survient à partir d'un certain âge est l'athérosclérose. C'est dire que le traitement va être surtout préventif.
Une fois la presbyacousie installée, le traitement du terrain athéroscléreux pourra éviter l'aggravation.
La phytothérapie joue un rôle important.

Plantes d'utilisation courante

Harpagophytum, Gingembre, Olivier, Ail, Oignon, petite Pervenche, Ginkgo biloba, Artichaut, Prêle.

Exemples d'utilisation dans le cadre de la prévention

Cures de 21 jours par mois.
Gélules d'extraits secs : un mélange de Gingembre et d'Har-

pagophytum (0,200 g de chaque par gélule), deux gélules par jour.

Teintures mères (TM) : un mélange de TM d'Allium cepa (Oignon) et de Vinca minor (petite Pervenche), 40 gouttes trois fois par jour dans de l'eau.

S.I.P.F. : un mélange d'Artichaut et de Prêle, une mesure deux ou trois fois par jour dans une tasse de tisane.

Une fois la presbyacousie installée, on donnera des doses plus importantes et d'une manière continue, pendant les premiers mois tout au moins.

Deux plantes utiles dans les soins O.R.L.

☐ Thym ou Thymus vulgaris

Sous-arbrisseau à tiges dressées de 10 à 20 cm, membre de la famille des Labiées, il pousse surtout en région méditerranéenne.

On utilise principalement la tige fleurie. L'huile essentielle renferme deux phénols : le thymol et le carvacrol. Connu comme condiment améliorant la digestion, le Thym est très utilisé pour ses propriétés antiseptiques. On a recours surtout à son huile essentielle dans un grand nombre d'affections aiguës ou chroniques (infections respiratoires, urinaires, O.R.L. par exemple).

☐ Ulmaire ou Spiraea ulmaria

Plus connue sous le nom de Reine des prés, cette plante herbacée de haute taille qui peut atteindre 1 mètre à 1,50 mètre appartient à la famille des Rosacées.

On utilise les sommités fleuries. Les principes actifs sont des hétérosides et le salicylate de méthyle. Employée pour ses propriétés diurétiques, la Reine des prés est également une bonne plante anti-rhumatismale.

Maladies des yeux (ophtalmologie)

Troubles de la vision

Ils représentent une des causes majeures de consultation.
En dehors de la myopie, de la presbytie, de la cataracte qui nécessiteront les corrections ou interventions nécessaires, il peut s'agir de fatigue oculaire avec baisses passagères de la vision parfois diurne, plus souvent nocturne.
Les plantes pouvant améliorer la vision sont surtout celles qui sont riches en vitamines ou qui renforcent le terrain. La plupart d'entre elles auront une action sur la vision à la fois diurne et nocturne. Il est donc plutôt artificiel de séparer ces troubles.
La phytothérapie tient donc une place prépondérante.

Plantes d'utilisation courante

Carotte, Prêle, Romarin, Fucus, Ginseng, Éleuthérocoque, Myrtille, Euphraise.

Exemples d'utilisation

— Par voie locale :
Pour la fatigue oculaire : appliquer des compresses imbibées de cette décoction, deux fois par jour, vingt à trente minutes à chaque fois. Ajouter 50 g de tiges fleuries séchées d'Euphraise à un demi-litre d'eau. Faire bouillir une minute. Laisser infuser trente minutes. Filtrer au travers d'un coton. Faire deux à trois cures de dix jours, espacées d'une semaine.

— Par voie générale :
Gélules de poudre : de Myrtille (0,350 g par gélule), 6 gélules par jour, ou de Fucus (0,300 g par gélule), 4 à 6 gélules par jour.
Une *Teinture Mère* (TM) : Euphrasia off. TM (Euphraise), 40 gouttes trois fois par jour.
Gélules d'extraits secs : un mélange de Ginseng et d'Éleuthérocoque (0,150 g de chaque par gélule), une gélule matin et midi.

Orgelets

**Il s'agit de furoncles situées à la base des cils.
La phytothérapie peut jouer un rôle important (seule dans les cas banals ou associée aux antibiotiques dans les cas plus sévères).**

Plantes d'utilisation courante

Plantain, Bleuet, Mélilot, Rose, Sureau, Harpagophytum, Cassis, Ulmaire, Sarriette, Thym, Lavande.

Exemples d'utilisation

— Par voie locale (externe) :
On pourra appliquer des compresses bien imbibées avec cette *infusion* : Plantain (feuilles) 10 g + Bleuet (fleurs) 5 g + Mélilot (fleurs) 5 g : mettre le tout dans 150 g d'eau bouillante. Laisser infuser quinze minutes,
ou avec cette *décoction* : 50 g de fleurs de Sureau pour un litre d'eau. Faire bouillir cinq minutes. Laisser infuser cinq minutes.

— Par voie interne :
Un mélange de *S.I.P.F.* à visée anti-inflammatoire : S.I.P.F. de Cassis + Ulmaire, une mesure trois fois par jour dans une tasse de tisane.

Des *gélules gastro-résistantes* d'huiles essentielles (HE) à visée anti-bactérienne : HE de Lavande + Sarriette + Thym (sur prescription médicale).

Conjonctivites

Il s'agit d'une inflammation de la conjonctive qui peut être due à plusieurs causes : irritation par un corps étranger ou par la lumière, ou infection microbienne.
Comme toujours, il faut être attentif à tout ce qui touche l'œil car cela peut se compliquer très vite et laisser des séquelles graves.
La phytothérapie appliquée seule pour les cas simples sera associée à l'allopathie pour les cas plus importants.

Plantes d'utilisation courante

Bleuet, Camomille, Cerfeuil, Euphraise, Coquelicot, Harpagophytum, Cassis, Ulmaire, Sarriette, Thym, Lavande.

Exemples d'utilisation

— Par voie locale (externe) :
Lavage des yeux et des paupières, et application de compresses bien imbibées de l'une de ces préparations :
décoction légère de Bleuet : 2 à 3 g de fleurs séchées dans 100 ml d'eau froide. Chauffer à feu doux jusqu'à ébullition. Laisser infuser dix minutes ;
décoction de fleurs de Camomille : 50 g pour un litre

Maladies des yeux (ophtalmologie)

d'eau. Porter à ébullition. Faire bouillir deux minutes et infuser quinze minutes ;
décoction de Cerfeuil : 50 g pour un litre d'eau. Faire bouillir deux minutes, infuser vingt minutes ;
décoction d'Euphraise : 50 g de plante sèche pour un demi-litre d'eau. Faire bouillir deux minutes, infuser vingt minutes.
Ces différentes décoctions seront préparées pour la journée. Elles devront donc être refaites chaque jour en cas de soins prolongés. Elles seront bien filtrées et utilisées tièdes.
infusé de Coquelicot : 20 g pour un litre d'eau bouillante. Laisser infuser dix minutes.

— Par voie interne :
On aura recours aux préparations indiquées pour les orgelets.

Deux plantes importantes en ophtalmologie

☐ Fucus ou Fucus vesiculosus

C'est une algue qui appartient à la famille des Fucacées. Verte quand elle est fraîche, elle est brune quand elle est sèche. On trouve surtout le Fucus sur les côtes de l'océan Atlantique et de la Manche et sur les rochers exposés à marée basse.

On utilise le thalle, riche en oligo-éléments, en composés iodés et bromés qui lui confèrent des propriétés amaigrissantes. Le Fucus sera utilisé comme reminéralisant mais aussi dans des traitements amaigrissants.

☐ Myrtille ou Vaccinium myrtillus

Sous-arbrisseau de 20 à 60 centimètres qui appartient à la famille des Éricacées, il pousse souvent en montagne, dans les terrains siliceux.

On se sert de la feuille et du fruit, frais ou sec. Sa richesse en tannin fait que l'on a recours à cette plante comme astringent (dans les diarrhées). Les feuilles sont hypoglycémiantes (font baisser le sucre dans le sang, donc utilisées dans le diabète). Les fruits, riches en pigments anthocyaniques, sont surtout employés pour améliorer l'acuité visuelle et la circulation capillaire.

Stomatologie

BOUCHE [1]

Aphtes

Petite ulcération superficielle siégeant au niveau de la muqueuse de la bouche ou du pharynx, les aphtes sont très répandus et touchent 15 à 20 % de la population.
Généralement simples, bénins, ils peuvent revêtir des formes graves et constituer de véritables maladies.
Au début, il s'agit d'une petite pustule qui dure à peine quelques heures. Cette pustule s'ulcère ensuite rapidement et prend un aspect jaune-grisâtre. La cicatrisation se fait en trois à huit jours. Dans certains cas, les récidives sont fréquentes et peuvent se prolonger plusieurs semaines.
On ne connaît pas bien la cause des aphtes. Mais chez certaines personnes, il y a un rapport direct avec l'alimentation : des aliments tels que noix (surtout), fraises, laitages peuvent engendrer des aphtes quelques minutes après leur absorption.
La phytothérapie constitue un traitement intéressant des aphtes.

---

1. On distinguera les affections de la cavité buccale (bouche) de celles qui concernent les dents.

Plantes d'utilisation courante

Aigremoine, Bistorte, Chêne, Citron, Myrtille, Ronce, Fenouil, Géranium, Sarriette, Cassis, Éleuthérocoque, Artichaut, Bardane, Pissenlit.

Exemples d'utilisation

Par voie externe :
— On peut conseiller des bains de bouche plusieurs fois par jour, tièdes ou froids, avec une des préparations suivantes :
décocté d'Aigremoine : 100 g de feuilles pour un litre d'eau. Faire bouillir jusqu'à réduction d'un tiers ;
décocté de Bistorte : 50 g de racine pour un litre d'eau. Porter à ébullition. Laisser bouillir cinq minutes, infuser quinze minutes ;
décocté de Chêne : 100 g d'écorce dans un litre d'eau. Faire bouillir dix minutes ;
jus d'un Citron dans un verre d'eau tiède dans lequel on délaye une cuillère à café de miel ;
la décoction de Myrtille : 60 g de baies de Myrtille pour un litre d'eau tiède. On laisse macérer une heure puis on chauffe doucement jusqu'à ébullition que l'on maintient quinze minutes, on laisse infuser dix minutes. On utilise cette préparation pour gargarismes et bains de bouche pour les aphtes, les stomatites et les gingivites ;
la décoction de Ronces : 40 à 50 g de feuilles de Ronces séchées pour un litre d'eau. Faire bouillir cinq minutes, infuser dix minutes. S'utilise en bains de bouche mais aussi par voie interne (trois ou quatre tasses par jour).
— On peut pratiquer des attouchements avec un coton imbibé d'une solution d'*huiles essentielles* diluées dans de l'huile d'Amandes douces (bien agiter) : par exemple un mélange d'HE de Fenouil + Géranium + Sarriette (sur prescription médicale).

Par voie interne :
— Pour stimuler la cortico-surrénale et les défenses : *gélules d'extraits secs* d'un mélange de Cassis + Éleuthérocoque (0,200 g de chaque par gélule) : une gélule le matin et une à midi.
— Pour drainer : un mélange de *S.I.P.F.* : Bardane + Artichaut + Pissenlit : une mesure deux ou trois fois par jour dans une tasse de tisane.

Muguet

Le muguet est ainsi nommé à cause de sa couleur blanche comme la fleur du même nom.
C'est une maladie due au développement, sur certaines muqueuses (celle de la bouche en particulier) d'un parasite, un champignon tel Candida albicans.
Le muguet se présente sous forme de plaques plus ou moins étendues, d'un blanc crémeux.
Assez fréquent chez les nourrissons, en particulier ceux qui présentent des troubles de la nutrition, on peut le rencontrer chez des adultes et surtout des personnes âgées chez lesquelles il peut témoigner d'un affaiblissement des défenses de l'organisme.
La phytothérapie suffit le plus souvent à venir à bout du muguet.

Plantes d'utilisation courante

Lavande, Sarriette, Thym, Verveine, Cassis, Harpagophytum.

Exemples d'utilisation

Chez le nourrisson :
— Essentiellement la voie externe : attouchements avec un coton imbibé d'une préparation d'*huiles essentielles* très peu concentrée : Sarriette, Thym, Verveine, avec pour excipient de l'huile de pépins de raisins (sur prescription médicale).
— La voie interne pourra être utilisée dans quelques cas rebelles au traitement local. On utilisera alors des suppositoires pour nourrissons d'huiles essentielles (sur prescription médicale).

Chez l'adulte :
— Par voie externe, on pourra utiliser en bains de bouche une des nombreuses préparations indiquées au chapitre précédent concernant les aphtes.
En dehors de la phytothérapie, on peut également indiquer des bains de bouche avec de l'eau bicarbonatée (5 g environ pour un demi-litre d'eau tiède).
— Par voie générale, on utilisera :
des *gélules d'extraits secs* d'Éleuthérocoque (0,300 g par gélule) : une gélule le matin et une autre à midi — pour renforcer les défenses ;
des *gélules d'extraits secs* d'Harpagophytum + Cassis (0,200 g de chaque par gélule) : trois à quatre gélules par jour — pour leur action anti-inflammatoire ;
on pourra également être amené à utiliser des *gélules gastro-résistantes d'huiles essentielles* pour leur action antiseptique (sur prescription médicale).

Gingivites et stomatites

Inflammation des gencives et de la muqueuse de la bouche, il s'agit d'une affection assez courante, parfois compliquée d'infection.
La phytothérapie pourra ici aussi être largement utilisée avec profit.

Plantes d'utilisation courante

Aigremoine, Bistorte, Chêne, Citron, Myrtille, Ronce, Figuier, Pervenche, Verveine, Cassis, Harpagophytum, Vergerette, Sarriette, Thym, Serpolet, Cynorrhodon (fruit de l'Églantier).

Exemples d'utilisation

Par voie externe :
On pourra utiliser en bains de bouche une des nombreuses préparations citées dans le chapitre des aphtes. Plus spécifiquement, j'indiquerai :
décoction de Figues fraîches : faire bouillir six à huit figues dans un litre d'eau pendant cinq à dix minutes et faire quatre à cinq fois par jour un bain de bouche assez chaud ;
décoction de Pervenche : 50 à 60 g de feuilles pour un litre d'eau. Infusion dix minutes ;
décoction de Verveine : 70 g de plante séchée pour un litre d'eau. Laisser macérer quinze minutes, chauffer, laisser bouillir trente secondes et infuser dix minutes. Bains de bouche chauds ;
enfin, une excellente décoction agissant bien sur les saignements des gencives : 5 g d'écorce de Cynorrhodon cou-

pée en petits morceaux pour 100 g d'eau. Laisser bouillir dix minutes, infuser cinq minutes et filtrer. Une tasse après les deux grands repas (la préparation indiquée suffit pour une seule tasse).

Par voie interne :
— à visée anti-inflammatoire :
des *gélules d'extraits secs :* un mélange d'Harpagophytum et de Vergerette du Canada (0,200 g de chaque par gélule) : deux à trois gélules par jour,
— à visée antiseptique :
des *gélules gastro-résistantes d'huiles essentielles* (HE) : un mélange d'huiles essentielles de Sarriette + Serpolet + Thym (sur prescription médicale).

DENTS

Caries dentaires

Cette affection, bien connue hélas, consiste dans la formation de cavités (petits trous) au niveau d'une ou plusieurs dents. Si on ne fait rien, on peut arriver à la destruction progressive de la dent.
Bien entendu, les traitements locaux par le spécialiste sont indispensables.

La phytothérapie sera d'un bon appoint, avec essentiellement deux plantes reminéralisantes, la Prêle et la Renouée des oiseaux.

Exemples d'utilisation

Gélules de poudre de Prêle (0,350 g par gélule) : quatre à six par jour.

S.I.P.F. de Prêle : deux à trois mesures par jour dans une tisane.

Décoction de Renouée des oiseaux : faire bouillir 50 g de plante entière dans un litre d'eau pendant quinze minutes. Filtrer et boire trois à quatre tasses par jour.

Les douleurs dentaires (névralgies)

La phytothérapie peut constituer un traitement d'appoint.

Exemples d'utilisation

— Par voie externe, quelques « recettes » :
Lierre grimpant : faire bouillir deux à trois minutes un verre de vin rouge avec 20 g de feuilles de Lierre coupées en morceaux. Ajouter une pincée de gros sel et un demi-verre de vinaigre. Plusieurs bains de bouche par jour ;
Fleurs de Mauve : laisser ramollir ces fleurs dans de l'eau chaude, puis les mâcher longuement ;
Oignon : un coton imbibé de suc d'Oignon et appliqué sur la dent douloureuse calme souvent les rages dentaires. Certains le mettent dans le conduit auditif.

— Par voie interne :
Plantes antalgiques et anti-inflammatoires : Harpagophytum, Vergerette du Canada, Cassis, Ulmaire, Saule blanc.
Gélules d'extraits secs : un mélange de Saule blanc et d'Harpagophytum (0,200 g de chaque par gélule), quatre à six gélules par jour.
S.I.P.F. : un mélange de S.I.P.F. de Cassis + Ulmaire : une mesure trois ou quatre fois par jour dans une tasse de tisane.

Abcès dentaires

Ces infections douloureuses devront être soignées sans tarder. Mais on ne négligera pas non plus le complément apporté par la phytothérapie.

Exemples d'utilisation

Par voie externe :
infusion de Coquelicot : 20 g pour un litre d'eau. Infuser dix minutes. S'emploie en compresses sur les abcès dentaires ;
décoction de Figues : faire bouillir huit figues dans un litre d'eau quinze minutes. Bains de bouche ;
décoction de racines de Guimauve : 50 g pour un litre d'eau. Laisser bouillir quinze minutes. Utiliser en bains de bouche ;
décoction de feuilles de Sauge : 10 g pour un litre d'eau. Laisser bouillir quinze minutes. Plusieurs bains de bouche par jour.

Par voie interne :
— à visée anti-inflammatoire :
Gélules d'extraits secs : un mélange de Cassis + Harpagophytum (0,200 g de chaque par gélule), quatre à six gélules par jour.
— à visée antiseptique :
Gélules gastro-résistantes d'HE : un mélange de Lavande + Sarriette + Thym (sur prescription médicale).

Quatre plantes importantes en stomatologie

☐ Bistorte ou Polygonum bistorta

Plante courante dans les prairies humides, la Bistorte appartient à la famille des Polygonacées.
On utilise surtout le rhizome (tige souterraine), très riche en tanin. Cette plante est donc employée, d'une part, comme astringent dans les diarrhées et, d'autre part, en bains de bouche dans les stomatites.

☐ Chêne ou Quercus robur

Bel arbre courant dans les forêts siliceuses, le Chêne rouvre appartient à la famille des Cupulifères ou Fragacées.
On prend l'écorce des jeunes rameaux pour sa richesse en tanin. C'est donc une plante anti-diarrhéique et tonique, utilisée également dans les bains de bouche pour les stomatites.

☐ Cynorrhodon

C'est le fruit de l'Églantier ou Rosa canina.
Utilisé surtout pour sa richesse en tanin, il a, comme le Chêne et la Bistorte, des propriétés astringentes. Comme eux on l'emploie donc dans les diarrhées, mais aussi en bains de bouche dans les stomatites.
Le Cynorrhodon est aussi particulièrement riche en vitamine C et peut être utilisé comme tonique.

☐ Mauve ou Malva silvestris

Cette plante herbacée, commune en France, appartient à la famille des Malvacées.
On se sert de la fleur, parfois de la feuille. La plante contient des mucilages. La fleur renferme aussi des anthocyanosides. La Mauve est employée comme laxative mais aussi comme émolliente (adoucissante). Elle fait partie des espèces pectorales très utilisées pour les voies respiratoires.

Troubles « nerveux »

Terminologie assez vague, elle va regrouper ce que l'on appelle couramment les dystonies neurovégétatives (dérèglement de fonctionnement dans les systèmes sympathique et parasympathique), à l'origine de nombreux troubles fonctionnels, les insomnies, les troubles dépressifs.

On réservera un chapitre à part aux hémiplégies.

Ces troubles ont en commun la possibilité d'utiliser un groupe de plantes dites « sédatives » ou « relaxantes ». Dans cette introduction nous en envisagerons les principales pour éviter de les répéter à chaque chapitre.

— *Aspérule odorante :* on conseille l'infusion (20 g pour un litre d'eau bouillante, laisser infuser dix minutes) pour les troubles de type insomnies, vertiges, angoisses.

— *Aubépine :* plante majeure de l'éréthisme cardiaque[1]. À utiliser en tisane, en poudre, en extrait sec, en suspension de plante fraîche, en méllite (médicament préparé avec du miel), en macérat glycériné de bourgeons.

— *Ballote :* bon sédatif nerveux, en poudre.

— *Basilic :* sédatif, antispasmodique, à utiliser en infusion, en poudre, en huile essentielle.

— *Gattilier :* antispasmodique, poudre, extrait sec.

— *Houblon :* sédatif et hypnotique. On utilise les cônes de Houblon en décoction et en poudre.

— *Lavande :* à faible dose : sédative, antispasmodique. Infusion et huile essentielle.

— *Lin :* à utiliser par voie externe. Décoction : faire bouillir deux minutes 50 g de graines de Lin dans un litre d'eau. Filtrer et ajouter à l'eau du bain. Action adoucissante sur la peau et sédatif général.

— *Lotier :* bon antispasmodique. Poudre, extrait sec.

— *Mélisse :* indiquée dans les palpitations, combat l'insomnie. Infusion de feuilles, eau de fleurs.

---

1. Quand le cœur bat plus fort, mais pas plus vite.

— *Passiflore :* troubles nerveux, cardiaques, digestifs. Infusion, poudre, extrait sec.
— *Pavot jaune de Californie (eschscholtzia) :* insomnies, migraines. Extrait sec, poudre.
— *Pêcher :* calme les enfants nerveux, coléreux. Infusion de fleurs séchées.
— *Saule blanc :* bon antispasmodique et sédatif. Poudre et extrait sec.
— *Sauge sclarée :* stimule le système nerveux végétatif. Indiquée chez les déprimés. Infusion, huile essentielle.
— *Tilleul :* actif sur les palpitations, l'insomnie, les angoisses. Poudre, extrait sec, infusion. Par voie externe : bain sédatif. Pour les enfants, ajouter à l'eau du bain une décoction ainsi préparée : 200 g de fleurs séchées pour deux litres d'eau, faire bouillir dix minutes et filtrer.
— *Valériane :* plante sédative majeure. Macération de racine, poudre, extrait sec, suspension de plante fraîche.
Et bien d'autres encore comme Coquelicot, Nénuphar, Laitue.

Spasmophilie

Il s'agit d'une maladie qui a fait couler beaucoup d'encre. On utilise souvent le terme de tétanie.

Bien décrite par le professeur Klotz, elle se caractérise par une hyper-irritabilité neuromusculaire, souvent latente, sans manifestation particulière, mais parfois bruyante, avec des palpitations, des spasmes intestinaux, des malaises, des fourmillements, tout cela pouvant aboutir à une crise de tétanie avec convulsions.

Compte tenu de la diversité des signes qui peuvent être présentés, le diagnostic est parfois posé à tort. D'où de nombreuses discussions entre les « Écoles ».

Pour porter un diagnostic correct, on doit se fonder non seulement sur l'interrogatoire mais sur un examen clinique minutieux qui recherchera en particulier deux signes (le signe de Chvostek et celui de Trousseau). On pratiquera également un examen électrique (électromyogramme) et des examens biologiques (dosage du Calcium, Magnésium, etc).

La phytothérapie va tenir une place considérable à côté des oligo-éléments dans le traitement de la spasmophilie.

Plantes d'utilisation courante

Toutes les plantes sédatives citées dans l'introduction de ce chapitre, mais également les plantes reminéralisantes telles que la Prêle et la Renouée des oiseaux.

Exemples d'utilisation

Gélules d'extraits secs, un mélange de : Passiflore + Lotier ou Aubépine + Saule blanc ou Passiflore + Valériane ou Tilleul + Pavot jaune de Californie.

Pour ces différents mélanges, on indiquera environ 0,150 g à 0,200 g de chaque plante et la posologie moyenne sera de quatre à six gélules par jour.

Un *mélange de poudre :* Ballote + Houblon (0,150 g de chaque par gélule), quatre à six gélules par jour.

Des *gélules gastro-résistantes d'huiles essentielles* HE) : un mélange d'HE de Basilic + Mélisse (HE), sur prescription médicale.

Des *S.I.P.F. :* un mélange d'Aubépine + Mélilot ou Mélisse + Valériane.

Une mesure deux à trois fois par jour dans une tasse de tisane.

Des *tisanes :* infusion composée d'Aubépine + Mélisse + Oranger + Tilleul. Ajouter 5 g de chaque plante à un litre d'eau bouillante. Laisser infuser dix minutes. Filtrer. Boire deux à trois tasses par jour.

Ces traitements devront être suivis souvent durant plusieurs mois.

Insomnies

Il s'agit d'une perturbation du sommeil. Cela peut être une difficulté à l'endormissement, avec un sommeil très long à venir ou au contraire un endormissement rapide mais un sommeil irrégulier, entrecoupé de nombreux réveils avec difficulté à se rendormir.
Les insomnies représentent un sujet fréquent de consultation auprès des médecins. Elles ne doivent pas être traitées à la légère. On s'efforcera d'abord de retrouver une cause : surmenage, préoccupations, agressions de l'environnement (bruit le plus souvent), suites d'une maladie grave, etc. Il faudra toujours soigner le terrain.
Pour l'insomnie elle-même, la phytothérapie sera d'un grand secours. On peut procéder de la manière suivante : donner au moment du dîner un traitement préparatoire puis la deuxième partie du traitement environ quinze minutes avant le coucher.

Exemples d'utilisation

— Prendre avant dîner une gélule du mélange d'*extraits secs* de Passiflore + Lotier (0,200 g de chaque par gélule).

— Aussitôt après dîner une mesure de *S.I.P.F.* d'Aubépine + Mélisse dans une tasse de *tisane* ainsi préparée : Mélisse + Oranger + Serpolet + Valériane : 5 g de chaque plante pour un litre d'eau bouillante. Laisser infuser dix minutes. Filtrer. Boire un grand bol après dîner.

— Au moment du coucher, deux à trois gélules d'*extraits secs* de Tilleul + Pavot jaune de Californie (0,200 g de chaque par gélule).

Dépression

La phytothérapie constituera seulement un appoint aux traitements classiques. Elle pourra toutefois, dans les formes légères, occuper une place prépondérante.

En dehors de toutes les formules sédatives que nous avons pu voir dans la spasmophilie et l'insomnie, j'insisterai surtout sur ces deux plantes : Lavande et Coriandre.
On les utilisera en *Teinture mère* à raison de 30 gouttes trois ou quatre fois par jour (l'une ou l'autre).

Hémiplégie

Il s'agit d'une paralysie d'un côté du corps qui s'installe à la suite d'un spasme vasculaire, d'un ramollissement cérébral, d'une hémorragie cérébrale, d'une obstruction artérielle à distance (carotide).
Parfois régressive, cette paralysie est le plus souvent définitive, pouvant dans certains cas s'améliorer légèrement. Il faut prendre beaucoup de précautions pour éviter les complications fréquentes : escarres, infections urinaires...
Le traitement sera surtout celui du terrain. La phytothérapie y tient une place importante.

Plantes d'utilisation courante

Améliorant la circulation : Ginkgo biloba, petite Pervenche, Ail, Oignon, Marron d'Inde.

Action sur l'athérosclérose : Harpagophytum, Gingembre, Éleuthérocoque.
Action antalgique et antispasmodique : Saule blanc, Ulmaire, Vergerette du Canada.

Exemples d'utilisation

— À visée circulatoire :
un mélange de *Teintures Mères* (TM) : Ginkgo Biloba + petite Pervenche, soixante-dix gouttes trois fois par jour ; ou TM d'Oignon : trente gouttes trois fois par jour.
S.I.P.F. : Marron d'Inde, une mesure deux à trois fois par jour dans une tasse de tisane.

— Pour l'athérosclérose :
Gélules d'extraits secs : un mélange d'Harpagophytum + Gingembre (0,200 g de chaque par gélule), quatre gélules par jour.

— À visée antalgique et anti-inflammatoire :
Gélules d'extraits secs : Saule blanc (0,400 g par gélule), trois à quatre gélules par jour.

— Pour éviter les escarres :
On pourra faire des massages aux points de frottement avec un gel composé d'*extraits glycoliques* de Lierre + Hydrocotyle (Centella asiatica).

— Au niveau des jambes, pour améliorer la circulation :
Un gel composé d'*extraits glycoliques* de Marron d'Inde + Vigne rouge.

Quatre plantes importantes pour les troubles nerveux

☐ **Lavande ou Lavandula vera**

Il s'agit d'un sous-arbrisseau de vingt à soixante centimètres de haut, qui appartient à la famille des Labiées. On utilise ses sommités fleuries.
La lavande est antispasmodique, sédative du système nerveux central, mais elle est aussi cholérétique (améliore le flux biliaire). Par voie externe, elle est cicatrisante et bactéricide. C'est une plante d'utilisation courante. On en a isolé plusieurs principes actifs : l'huile essentielle renferme surtout des alcools terpéniques dont le principal est le linalol. On trouve aussi des acides-phénols.

☐ **Lotier ou Lotus corniculatus**

Petite plante herbacée de dix à quarante centimètres de haut, qui appartient à la famille des Légumineuses (Papilionacées), elle est très répandue en Europe, en Asie, en Afrique du Nord.
On utilise surtout ses fleurs. Cette plante contient de nombreux flavonoïdes. On y a recours pour ses propriétés antispasmodiques. Elle est souvent prescrite pour les insomnies et les palpitations.

☐ **Tilleul ou Tilia europaea ou cordata**

C'est un arbre qui est parfois vieux de plusieurs siècles. Il peut atteindre trente mètres de haut et six mètres de circonférence. Il appartient à la famille des Tiliacées, et est courant dans toute l'Europe, l'Asie Mineure, l'Amérique du Nord.
On utilise les fleurs et les bractées (petites feuilles situées au voisinage immédiat de fleurs) ainsi que l'Aubier ou écorce privée de sa partie externe. On y trouve du mucilage, une huile essentielle contenant du farnesol, des polyphénols. Les inflorescences sont sédatives. L'écorce est cholérétique (améliore le flux biliaire) et antispasmodique.

☐ Valériane ou Valeriana officinalis

Plante herbacée, robuste, elle appartient à la famille des Valérianacées. Sa tige souterraine (rhizome) est garnie de nombreuses radicelles. C'est une plante connue dans toute l'Europe tempérée. On utilise surtout sa racine.

La Valériane est employée comme antispasmodique, sédatif du système nerveux central. Elle a également une action hypnotique.

Son huile essentielle renferme entre autres de l'isovalérate de bromyle. On note également des acides terpéniques, des alcools sesquinterpéniques, des valepotriates.

Troubles métaboliques

MÉTABOLISME DU SUCRE

Diabètes

Il existe plusieurs variétés de diabètes. Nous envisagerons essentiellement le diabète *sucré*, qui est un trouble du métabolisme du sucre.

Les signes principaux sont une augmentation de la faim et de la soif, une augmentation du volume des urines émises. Dans les formes sévères où l'Insuline est de mise, un amaigrissement important.

Dans d'autres cas, il s'agit du diabète dit « *gras* », avec au contraire un certain degré d'obésité.

Ce diabète est en rapport avec un mauvais fonctionnement des cellules ß des îlots de Langherans du pancréas dont la sécrétion d'Insuline est perturbée.

Le diabète se complique essentiellement d'atteintes artérielles.

La phytothérapie apportera une aide considérable au traitement des diabètes gras.

Plantes d'utilisation courante

Bardane (plante majeure), Fumeterre, petite Pervenche (favorise aussi la circulation cérébrale), Oignon (qui est aussi fibrinolytique, c'est-à-dire qu'il évite la formation de caillots de fibrine pouvant entraver la circulation), Noyer et Mûrier (qui ont en outre une action antiseptique sur les complications cutanées : furoncles, anthrax), Olivier (qui a également une action favorable sur l'hypertension artérielle).

Enfin, d'autres plantes améliorent également le métabolisme des sucres : Eucalyptus, Fenugrec, Galega, Géranium, Myrtille (qui améliore aussi la vision souvent atteinte chez les diabétiques).

Exemples d'utilisation

En fonction du but recherché :

Gélules d'extraits secs : un mélange de Bardane + Fumeterre (0,200 g de chaque par gélule), quatre gélules par jour.

S.I.P.F. : de Bardane, une mesure trois ou quatre fois par jour dans une tasse de tisane.

Un mélange de *Teintures Mères* (TM) : Allium cepa (Oignon) + Vinca minor (petite Pervenche), quarante gouttes trois fois par jour.

Un mélange de *macérats glycérinés :* Mûrier (Morus nigra) + Noyer (Juglans regia) : cinquante gouttes trois fois par jour.

Des *gélules de poudre :* un mélange de Mûrier + Noyer + Myrtille (0,120 g de chaque par gélule), quatre à six gélules par jour.

Des *gélules gastro-résistantes d'huile essentielle* d'Eucalyptus (sur prescription médicale).

Les traitements seront adaptés en fonction des résultats. En général, ils doivent être pris à vie, comme ceux d'allopathie.

Hypoglycémies

Il s'agit d'une diminution de la quantité de sucre dans le sang, qui survient progressivement quelques heures après l'absorption de sucres à assimilation rapide (pâtisseries, chocolats, bonbons, confitures, sucreries) et ce, à cause d'une mauvaise régulation.

En temps normal, l'absorption de ces sucres à assimilation rapide va entraîner une élévation assez nette de la quantité de sucre dans le sang. À ce moment-là, le pancréas sécrète l'Insuline qui va contribuer au transport et au stockage dans le foie des sucres excédentaires. Le niveau du sucre revient alors à la normale (après une légère baisse passagère en dessous du taux normal).

Lorsqu'il y a dérèglement, le taux du sucre va descendre beaucoup plus bas que la normale et s'y maintenir assez longtemps. On a tendance à ce moment-là à ingérer à nouveau des sucres rapides pour améliorer la situation. Mais en fait, il s'agit d'un « cercle vicieux », on ne fait qu'entretenir et aggraver cette maladie.

La diététique doit être en fait la même que celle du diabète : suppression des sucres à assimilation rapide pour éviter ces à-coups.

Chacune de nos cellules a besoin de sucre comme matière énergétique. Elles sont sensibles aux variations de la glycémie et ceci est vrai plus particulièrement pour les cellules cérébrales. C'est dire qu'une baisse de la glycémie va pouvoir entraîner des malaises (étourdissements, impression de se « sentir mal »).

Ces hypoglycémies sont dites fonctionnelles et sont souvent associées à une dystonie neurovégétative (dérèglement « nerveux ») qui majore les troubles.

Pour affirmer cette hypoglycémie, un dosage du sucre dans le sang est nécessaire pendant le malaise. Il doit montrer un taux de sucre bas.

À côté de ces hypoglycémies fonctionnelles, il y a celles dues à une atteinte organique (tumeur du pancréas par exemple). Elles n'entrent pas dans le cadre de ces traitements (on aura en effet souvent recours à la chirurgie).

La phytothérapie tient par contre une bonne place dans le traitement des hypoglycémies fonctionnelles. Elle sera, comme pour le diabète, une thérapeutique de terrain, au long cours.

Plantes d'utilisation courante

On retrouvera ici les grandes plantes utilisées dans le diabète pour la régulation du pancréas, avec, en tête, la Bardane.

On utilisera aussi Mûrier, Myrtille, Noyer, Galega.

Exemples d'utilisation

S.I.P.F. de Bardane : une mesure trois fois par jour dans une tasse de tisane.

Gélules de poudre: un mélange de Noyer + Mûrier (0,150 g de chaque par gélule), quatre gélules par jour; ou un mélange de Myrtille + Galega (idem).

Mais on utilisera également des *plantes sédatives*: Passiflore, Aubépine, Lotier, Mélilot, Mélisse, Tilleul.

en *Gélules d'extraits secs:* un mélange de Lotier + Tilleul (0,200 g de chaque par gélule), deux à trois gélules par jour.

en *S.I.P.F.:* un mélange de Passiflore + Mélisse, une mesure deux à trois fois par jour dans une tasse de tisane.

MÉTABOLISME DES CORPS GRAS

Hypercholestérolémie

L'excès de cholestérol dans le sang (hypercholestérolémie) est un mal qui frappe nombre de nos contemporains.

Aujourd'hui, le lien entre l'athérosclérose et l'hypercholestérolémie semble démontré. Les coronarographies permettant d'objectiver la maladie coronarienne (plaques au niveau de ces artères) ont pu apporter la preuve d'une relation entre le taux de cholestérol plasmatique et le taux de mortalité par maladie coronarienne. Par ailleurs, il est maintenant admis que toute diminution de 1 % du taux de cholestérol plasmatique s'accompagne d'une baisse d'environ 2 % du risque des maladies coronariennes.

La prévention joue donc ici un rôle majeur :
— prévention primaire, qui consiste à inculquer des notions précises dès l'école primaire et plus particulièrement par des cours de diététique ;
— prévention secondaire, consistant, dès l'âge de trente à quarante ans (et surtout s'il y a des antécédents familiaux), à associer à une nourriture saine un certain nombre de plantes et d'oligo-éléments.

La phytothérapie joue donc un rôle de premier plan dans la prévention.

Plantes d'utilisation courante

Gingembre, Harpagophytum, Ail, Oignon, Artichaut.

Exemples d'utilisation

Gélules d'extraits secs : Gingembre + Harpagophytum (0,200 g de chaque par gélule), deux gélules par jour.

Gélules gastro-résistantes d'huile essentielle : HE d'Ail ou d'Oignon (sur prescription médicale).

S.I.P.F. d'Artichaut, deux mesures par jour dans une tasse de tisane.

AUTRES TROUBLES MÉTABOLIQUES

Albuminurie

La présence d'albumine dans les urines témoigne à partir d'un certain taux d'un mauvais fonctionnement rénal.
Certaines formes d'albuminurie sont dites orthostatiques, c'est-à-dire en rapport avec la position debout. Le matin au réveil, avant le lever, les urines sont normales. Par contre, celles de la journée contiennent de l'albumine.
La phytothérapie va donc intervenir avec ses plantes de drainage.

Plantes d'utilisation courante

Artichaut, Pissenlit, Fumeterre, Aubier de Tilleul, Bardane, Chicorée, Ache, Persil.

Exemples d'utilisation

Gélules d'extraits secs: un mélange de Fumeterre + Aubier de Tilleul (0,200 g de chaque par gélule), trois gélules par jour.

Gélules de poudre: un mélange de Chicorée + Ache (0,150 g de chaque par gélule), quatre gélules par jour.

S.I.P.F.: un mélange d'Artichaut + Pissenlit, une mesure deux ou trois fois par jour dans une tasse de tisane.

Hyperazotémie
(élévation de l'urée sanguine)

Elle provient d'un mauvais fonctionnement rénal dont il faut rechercher la cause (néphrite par exemple).
La phytothérapie associée aux mesures diététiques constituera un traitement d'appoint non négligeable, avec surtout pour but le drainage hépato-rénal.

Plantes d'utilisation courante

Lespedeza, Orthosiphon, Piloselle, Bouleau, Pissenlit, Prêle, Bardane, Ulmaire, Busserole, Buchu.

Exemples d'utilisation

Tisane: une infusion composée d'Artichaut (feuilles) + Bouleau (écorce) + Piloselle (plante entière). Ajouter 10 g de chaque à un litre d'eau bouillante. Laisser infuser dix minutes. Filtrer. Boire trois à quatre tasses par jour.

Gélules d'extraits secs :
— de Lespedeza (0,400 g par gélule) : trois à quatre gélules par jour ;
— de Piloselle + Orthosiphon (0,200 g de chaque par gélule) : quatre gélules par jour,
— de Prêle + Pissenlit (idem).

S.I.P.F.: un mélange de Prêle + Bardane + Pissenlit, une mesure trois fois par jour dans une tasse de tisane.

Hyperuricémie
(élévation de l'acide urique, goutte)

L'élévation de l'acide urique dans le sang provient souvent d'excès alimentaires, en particulier en ce qui concerne les viandes (abats, etc).
Cependant, d'autres facteurs peuvent entrer en jeu, comme l'hérédité, le stress.
L'accumulation de cristaux au niveau des articulations peut déclencher des crises de goutte (fréquentes au niveau des gros orteils).
La goutte se caractérise par des accès de gonflement douloureux d'une articulation qui devient rouge, extrêmement sensible spontanément et au moindre effleurement.
Les plantes tiennent une place importante pour soigner le terrain et la tendance à l'accumulation d'acide urique, mais aussi pour calmer la crise de goutte.

Plantes d'utilisation courante

Drainage : Piloselle, Orthosiphon, Bouleau, Ulmaire, Lespedeza, Aubier de Tilleul.
Antalgiques et anti-inflammatoires : Harpagophytum, Vergerette du Canada, Cassis, Saule blanc, Genévrier, Camomille.

Exemples d'utilisation

— Drainage :
Gélules d'extraits secs :
Piloselle + Orthosiphon (0,200 g de chaque par gélule) : trois à quatre gélules par jour ;
Lespedeza + Aubier de Tilleul (idem).

— Antalgiques et anti-inflammatoires :
Gélules d'extraits secs :
Harpagophytum + Vergerette du Canada (0,200 g de chaque par gélule) : quatre à six gélules par jour,
Saule blanc (0,400 g par gélule) : quatre à six gélules par jour.
S.I.P.F. : un mélange de Cassis + Ulmaire : une mesure quatre fois par jour dans une tasse de tisane.
Gélules gastro-résistantes d'huiles essentielles (HE) : un mélange de Camomille + Genévrier (sur prescription médicale).

Localement, on peut conseiller l'application de gel composé à partir d'*extraits glycoliques* de Genévrier + Harpagophytum par exemple.

Trois plantes importantes pour les maladies métaboliques

☐ Chicorée ou Cichorium intybus

Cette plante herbacée dont la tige atteint de cinquante centimètres à un mètre appartient à la famille des Composées (Liguliflores). Elle pousse sur les terrains calcaires et argileux. Elle est très commune en France.
On utilise surtout la feuille et la racine. Comme la laitue, elle renferme de la lactucrine et de la lactucopicrine.
La feuille contient l'acide chicorésique, qui semble expliquer l'action diurétique mais aussi légèrement laxative et cholérétique (améliorant le flux biliaire).
La Chicorée est utilisée comme « dépurative » : elle facilite la digestion.

☐ Fumeterre officinale ou Fumaria officinalis

Plante herbacée dont la tige peut atteindre soixante-dix centimètres de haut, la Fumeterre appartient à la famille des Fumariacées. C'est une plante très courante dont on utilise les parties aériennes. Elle contient des alcaloïdes (fumarine, protopine).
La fumeterre régule le flux biliaire. Elle est considérée comme dépurative et tonique. Elle a également une action sur le système cardio-vasculaire (régularise le rythme cardiaque).

☐ Fenugrec ou Trigonella foenum graecum

C'est une petite plante herbacée qui appartient à la famille des Légumineuses (Papilionacées). On utilise sa graine. Riche en glucides, protides, phosphore, cette plante a une grande valeur alimentaire ; c'est un bon stimulant neuro-musculaire. Elle est utilisée dans les cas de maigreur. Elle améliore aussi le métabolisme des sucres.

Obésité-Maigreur

Obésité

Le problème de l'obésité, ou du « surpoids » comme l'on dit dans notre nouveau langage, concerne un pourcentage important de la population.

Certes, c'est une conséquence fréquente du déséquilibre alimentaire. Mais souvent on voit s'intriquer un certain nombre d'autres facteurs, avec en tête les contrariétés et autres problèmes psychologiques.

En dehors du rééquilibrage alimentaire dont le développement ne relève pas de ce livre mais qui doit représenter un moment important de la rencontre médecin-malade, les plantes médicinales constituent les seuls remèdes valables aujourd'hui. En effet, pendant les décennies précédentes, les essais thérapeutiques associant coupe-faim, diurétiques, extraits thyroïdiens, non seulement n'ont pas apporté une preuve formelle de leur efficacité, mais encore ont entraîné dans certains cas des incidents voire des accidents (il faut tout de même souligner que l'indiscipline de certains patients, pressés de maigrir, absorbant des doses doubles, voire triples de celles qui étaient prescrites, a joué un rôle important dans la survenue de troubles secondaires).

La phytothérapie reste donc le seul traitement valable actuellement.

Plantes d'utilisation courante

Drainage : Piloselle, Orthosiphon, Frêne, Bouleau, Olivier, Vergerette du Canada.

Action « leurre », donnant une impression de satiété et réduisant l'appétit : Fucus, Carragaheen, gomme de Guar, Amorphophallus.

Action sédative (intéressante chez les personnes suivant un régime et qui sont souvent « sur les nerfs ») : Passiflore, Aubépine, Lotier, Mélisse, Mélilot, Tilleul, Valériane.

Exemples d'utilisation

— Drainage :
Gélules d'extraits secs :
un mélange de Piloselle + Orthosiphon (0,200 g de chaque par gélule) : quatre à six gélules par jour ;
un mélange de Frêne + Bouleau (idem).

— Leurre :
Gélules de poudre : un mélange de Fucus + Carragaheen (0,150 g de chaque par gélule) : quatre à six gélules par jour.

— Sédative :
S.I.P.F. : un mélange de Passiflore + Aubépine ou un mélange de Mélisse + Valériane, une mesure deux ou trois fois par jour dans une tasse de tisane.

Maigreur

S'il n'est pas facile de faire maigrir un gros, il peut être encore plus difficile de faire grossir un maigre.
Soulignons d'emblée que certaines maigreurs sont constitutionnelles. Il faut les respecter. On peut simplement conseiller des mesures hygiéno-diététiques avec en particulier certains sports qui pourront développer la musculature.
D'autres maigreurs sont en rapport avec des maladies graves évolutives : cancers, tuberculoses, diabètes... Ici, il faudra soigner la cause.
Ailleurs, il s'agit de déséquilibres alimentaires : on s'appliquera à rétablir l'équilibre par des conseils appropriés.
Une mauvaise dentition peut être à l'origine d'une mauvaise assimilation des aliments.
Enfin, l'amaigrissement peut être passager, survenant à la

suite d'une infection aiguë ayant nécessité un alitement et ayant entraîné une perte de l'appétit (anorexie). C'est dans ces cas que la phytothérapie aura un rôle à jouer. On conseillera des stimulants de l'appétit et de l'état général.

Plantes d'utilisation courante

Berce, Chardon béni, Chicorée, Coriandre, Éleuthérocoque, Fenugrec, Fenouil, Gentiane, Origan, Radis noir, Romarin, Thym...

Exemples d'utilisation

Gélules de poudre : un mélange de Berce + Chicorée (0,150 g de chaque par gélule) : quatre à six gélules par jour.

Gélules d'extraits secs : Éleuthérocoque (0,300 g par gélule) : une gélule le matin et une à midi.

Gélules gastro-résistantes d'huiles essentielles (HE) : sur prescription médicale : un mélange de Coriandre + Gentiane ou Romarin + Thym.

Une *Teinture Mère* de Chardon béni : 30 gouttes trois fois par jour.

Une *tisane :* mettre le soir 30 g de graines de Fenugrec dans un bol d'eau froide. Laisser macérer toute la nuit. Filtrer le matin et boire froid.

Trois plantes importantes dans les cas d'obésité ou de maigreur

☐ Carragaheen ou Chondrus crispus

C'est une algue longue de dix à vingt centimètres, fixée aux rochers, appartenant à la famille des Gigartinacées. Elle est très répandue tout le long du rivage de l'Océan atlantique (de la Norvège à Gibraltar) et sur la côte orientale de l'Amérique du Nord. On utilise le thalle, riche en mucilage et en glucides complexes : les carraghenanes.
Cette plante a des propriétés émollientes et laxatives par son mucilage. Mais elle a également une action expectorante et reconstituante. Sa richesse en iode la fait utiliser comme le Fucus dans l'excès de poids.

☐ Romarin ou Rosmarinus officinalis

Arbrisseau rameux, toujours vert, qui peut atteindre deux mètres de haut, il se range dans la famille des Labiées.
On utilise ses sommités fleuries. On a isolé de nombreux principes actifs : pigments flavoniques, acides-phénols (en particulier l'acide rosmarinique), et une huile essentielle contenant des dérivés terpéniques.
Le Romarin a une action intéressante sur la digestion. Il régule et améliore le flux biliaire. Il est antispasmodique et diurétique.

☐ Frêne ou Fraxinus excelsior

Grand arbre pouvant atteindre quarante mètres de haut, le Frêne appartient à la famille des Oléacées. Très connu en France, on emploie ses feuilles, qui contiennent de nombreux principes actifs : tannin, pigments flavoniques, hétérosides.
Le frêne est surtout utilisé pour ses propriétés diurétiques et anti-diarrhéiques.

Vieillissement

S'il est inéluctable de vieillir et de mourir, on peut toujours essayer de le faire dans les meilleures conditions possibles.

Nous voyons de plus en plus de personnes ayant atteint et dépassé quatre-vingts ans. Certains gardent une forme physique et intellectuelle remarquable. D'autres sont dépressifs, ne se souviennent plus de ce qu'ils font d'une heure sur l'autre. Ce sont malheureusement les plus nombreux. Pourquoi cette différence ?

Une condition essentielle du maintien d'une bonne forme est la poursuite d'une activité. Par démagogie ou pour des raisons plus ou moins claires, l'âge de la retraite s'abaisse régulièrement. Cela pose un problème important de « recyclage ». Que vont faire toutes ces personnes jeunes ? Si elles n'ont pas prévu cette retraite anticipée, si elles n'ont pas de pôle d'intérêt majeur pour s'occuper d'autre chose une fois à la retraite, elles vont sombrer dans l'ennui qui va engendrer dépression et autres maladies.

Par ailleurs, la forme physique va aussi beaucoup dépendre des conditions hygiéno-diététiques que l'on a observées depuis son enfance. L'abus de tabac, d'alcool, peut vieillir prématurément. Les excès de matières grasses encrasseront les artères. Les excès de sucreries et la sédentarité entraîneront souvent l'obésité.

Il n'entre pas dans le cadre du présent ouvrage de s'étendre sur le thème « comment rester jeune », que j'ai déjà longuement développé dans un livre qui porte ce titre[1]. Mais nous allons voir que la phytothérapie constitue une arme intéressante.

---

1. Éditions Marabout.

Prévention du vieillissement

Le vieillissement semble directement lié à l'athérosclérose et à un mauvais apport en oligo-éléments, vitamines, acides aminés et acides gras poly-insaturés (éléments essentiels pour un bon équilibre cellulaire).

Plantes d'utilisation courante

Pour stimuler les réactions immunitaires et la cortico-surrénale :
Éleuthérocoque, Cassis.
Pour freiner le développement de l'athérosclérose :
Gingembre, Harpagophytum, Ail, Oignon.

Exemples d'utilisation

Gélules d'extraits secs :
— Cassis + Éleuthérocoque (0,200 g de chaque par gélule) : une gélule le matin et à midi ;
— Gingembre + Harpagophytum (0,200 g de chaque par gélule) : trois à quatre gélules par jour.

Gélules gastro-résistantes d'huiles essentielles (HE) sur prescription médicale : Ail, Oignon.

Traitement par cures de deux à trois semaines par mois dès la quarantaine. Alterner les produits.

Traitement de la fatigue due à l'âge

Nous disposons de plantes intéressantes :
— certaines majeures comme le Cassis, l'Éleuthérocoque, le Ginseng ;
— d'autres stimulant l'appétit : Fenugrec, Romarin, Fenouil, Coriandre, Gentiane, Thym ;
— d'autres reminéralisantes : Fucus, Prêle, Renouée des oiseaux.

Exemples d'utilisation

Tisane :
— une infusion de fleurs et feuilles d'Églantier : 25 g pour un demi-litre d'eau bouillante. Laisser infuser dix minutes ; filtrer. Boire deux à trois tasses par jour ;
— une macération : le soir, ajouter une cuillère à soupe de graines de Fenugrec à un grand bol d'eau froide. Laisser macérer toute la nuit. Boire froid le matin après avoir filtré.

Gélules d'extraits secs : un mélange de Ginseng + Éleuthérocoque (0,200 g de chaque par gélule), une gélule le matin et une à midi.

Gélules de poudre : un mélange de Fucus et de Prêle (0,150 g de chaque par gélule), trois gélules par jour.

Des *Gélules gastro-résistantes d'huiles essentielles* (HE), sur prescription médicale : un mélange de Romarin et Thym ou Coriandre et Fenouil.

S.I.P.F. de Cassis : une mesure le matin et une à midi dans une tasse de tisane.

Troubles de la mémoire (l'amnésie)

Ils semblent provenir d'un ralentissement des échanges entre les cellules cérébrales nobles, avec souvent un défaut d'irrigation, engendrant une oxygénation insuffisante.
La phytothérapie met à notre disposition un éventail intéressant de plantes telles que : petite Pervenche, Ginkgo Biloba, Ail, Oignon, Gingembre, Prêle, Fucus.

Exemples d'utilisation

Un mélange de teintures mères : Vinca minor (petite Pervenche) + Ginkgo biloba : soixante-dix gouttes trois fois par jour.

Des *gélules de poudre* de Prêle (0,400 g par gélule) : trois à quatre gélules par jour.

Une *S.I.P.F.* de Fucus : une mesure deux ou trois fois par jour dans une tasse de tisane.

Des *Gélules gastro-résistantes d'huiles essentielles* (HE), sur prescription médicale : Ail, Oignon.

Deux plantes importantes pour lutter contre le vieillissement

☐ Petite Pervenche ou Vinca minor

Il s'agit d'une plante herbacée à longues tiges rampantes, courante en Europe, et qui appartient à la famille des Apocynacées. On utilise surtout la feuille.
Cette plante sert principalement maintenant pour améliorer la circulation cérébrale. La petite Pervenche contient de nombreux alcaloïdes indoliques et surtout la vincamine ainsi que des tanoïdes.

☐ Ginkgo ou Ginkgo biloba

Ce très bel arbre acclimaté en France fait partie de la famille des Conifères (Ginkgoacées).
On utilise sa feuille. Le Ginkgo contient des flavonoïdes dérivés du quercétol, du kaempférol. C'est une plante dont les extraits sont utilisés à grande échelle pour les problèmes circulatoires cérébraux, mais également dans les affections veineuses.

Intoxications

Alcool

L'intoxication alcoolique engendre un très grand nombre de troubles :
— *digestifs*, allant des simples brûlures de l'estomac jusqu'à la cirrhose avec épanchement important de liquide dans le ventre ;
— *nerveux*, des névralgies ordinaires à la polynévrite éthylique. Au niveau cérébral, gros troubles des fonctions principales ;
— de l'*état général* : l'intoxication alcoolique s'accompagne souvent d'un manque total d'appétit entraînant un état de dénutrition avec baisse des défenses. À partir de là, l'alcoolique est sensible au moindre microbe (fréquence accrue de la tuberculose par exemple).
Il y a à l'égard de l'alcool une dépendance pathologique. L'alcoolique ne peut s'arrêter de boire ni même contrôler sa consommation si on ne l'aide pas d'une manière énergique. L'aspect psychologique est donc très important. Le démarrage du sevrage nécessite souvent une hospitalisation de quelques jours.
La phytothérapie constitue un traitement d'appoint intéressant aux thérapeutiques classiques.

Plantes d'utilisation courante

À visée sédative : Passiflore, Aubépine, Lotier, Mélisse, Mélilot, Balotte, Tilleul, Valériane, Pavot jaune de Californie, Saule blanc.

Drainage hépato-rénal : Artichaut, Fumeterre, Boldo, Radis noir, Pissenlit.

Renforcement des défenses : Cassis, Éleuthérocoque.

Exemples d'utilisation

— À visée sédative :
Gélules d'extraits secs : un mélange de Passiflore + Lotier ou Tilleul + Pavot jaune de Californie (0,200 g de chaque par gélule), trois à quatre gélules par jour.
S.I.P.F. : un mélange de Passiflore + Aubépine ou Mélisse + Valériane, une mesure trois fois par jour dans une tasse de tisane.

— Drainage :
Gélules d'extraits secs : Boldo + Radis noir (0,050 g de chaque par gélule), trois gélules par jour.
S.I.P.F. : un mélange de Pissenlit + Artichaut : une mesure trois fois par jour dans une tasse de tisane.

— Renforcement des défenses :
Gélules d'extraits secs : un mélange de Cassis + Éleuthérocoque (0,200 g de chaque par gélule) : une gélule le matin et une à midi.

Tabac

Le rôle néfaste du tabac est aujourd'hui bien connu dans la genèse de certains cancers (tel celui des poumons) et dans celle de l'athérosclérose.

Le tabagisme entraîne également des modifications de la formule sanguine avec polyglobulie (augmentation des globules rouges) et polynucléose neutrophile (augmentation des globules blancs).

Le tabac diminue également les défenses de l'organisme.

Il détruit la vitamine C qui joue un rôle important dans la lutte contre les radicaux libres [1].

De nombreuses méthodes sont utilisées dans la lutte contre le tabagisme : acupuncture, auriculothérapie... La phytothérapie tient aussi une place non négligeable.

Plantes d'utilisation courante

Apport de Vitamine C et de minéraux : Vigne rouge, Carotte, Myrtille, Cynorrhodon, Prêle, Fucus.

Plantes sédatives (très utiles pendant le sevrage) : Aubépine, Baliote, Passiflore, Mélisse, Mélilot, Tilleul, Valériane.

Exemples d'utilisation

— À visée vitaminique :

Tisane : décoction de Cynorrhodon : 15 g pour un litre d'eau. Faire bouillir quinze minutes. Filtrer. Boire deux à trois tasses par jour.

---

[1]. La cellule pour ses besoins énergétiques utilise l'oxygène. À partir de cette utilisation, il se dégage des atomes instables au point de vue électrique, que l'on appelle les *radicaux libres*. Ils sont très dangereux et peuvent être facteurs d'athérosclérose, de cancer, de vieillissement cellulaire.

Gélules de poudre : Vigne rouge + Carotte + Myrtille (0,120 g de chaque par gélule), six gélules par jour.
S.I.P.F. : un mélange de Prêle et de Fucus, une mesure deux fois par jour dans une tasse de tisane.

— À visée sédative :
Gélules d'extraits secs : Tilleul + Passiflore (0,200 g de chaque par gélule) : trois à quatre gélules par jour.
S.I.P.F. : un mélange de Mélisse + Aubépine, une mesure trois fois par jour dans une tasse de tisane.

Signalons la possibilité d'utiliser des succédanés du tabac pendant la période de sevrage : cigarettes de poudre de Tussilage ou de Sureau ou d'Aspérule odorante.

Enfin, je soulignerai l'intérêt de la phytothérapie pour les soins de bouche chez le fumeur : bains de bouche tièdes avec :
— une *infusion* de Rose : 30 g de pétales de roses pour un litre d'eau bouillante ; laisser infuser trois minutes. Filtrer ;
— une *décoction* de racines de Mauve : faire bouillir 40 g dans un litre d'eau pendant dix minutes. Filtrer.

Deux plantes utiles dans les cas d'intoxications

☐ Boldo ou Pneumus boldus

Cet arbre, qui peut atteindre six mètres de haut, appartient à la famille des Monimiacées. Il est originaire du Chili.

On utilise surtout ses feuilles qui contiennent plusieurs alcaloïdes dont la boldine, et des flavonoïdes. Son huile essentielle renferme de l'eucalyptol.

Le Boldo est d'abord utilisé pour le tube digestif. Il a une action cholagogue importante (il stimule la sécrétion de bile). Il a aussi une action carminative et facilite la digestion.

☐ Pissenlit ou Taraxacum dens-leonis

C'est une plante de taille variable, de deux à soixante centimètres, qui appartient à la famille des Composées (liguliflores). Elle est courante en Europe, en Asie, en Afrique du Nord, au Japon, en Amérique du Nord.

On utilise surtout les feuilles et les racines, dans lesquelles on trouve de nombreux flavonoïdes et un principe amer, la lactucopicrine. Très communément employé, le pissenlit est une grande plante diurétique. Il améliore également le flux biliaire et la contraction de la vésicule biliaire.

Conclusion

Le développement de ce long chapitre où j'ai passé en revue un certain nombre de maladies en évoquant les possibilités thérapeutiques des plantes médicinales m'amène à formuler plusieurs réflexions :

1) Nous avons pu voir que de nombreuses affections pouvaient permettre d'avoir recours uniquement ou presque à la phytothérapie. D'autres, par contre, vont nécessiter l'utilisation de l'« artillerie lourde », mais les plantes médicinales sont toujours associées à cette artillerie lourde, pour plusieurs raisons :
— pour soigner le terrain ;
— pour réduire souvent les réactions secondaires de ces thérapeutiques en permettant par le drainage des émonctoires[1] une meilleure élimination des déchets ;
— pour réduire la quantité et la durée de ces thérapeutiques en améliorant la réceptivité du terrain.

Ainsi, je peux dire que dans toute ordonnance, on doit réserver au moins un paragraphe à la phytothérapie de drainage.

2) L'utilisation de la phytothérapie n'est pas incompatible avec l'utilisation d'autres thérapeutiques. Ainsi, peut-on parfaitement concevoir un traitement associant phytothérapie et allopathie comme nous venons de le voir. Mais aussi, on peut associer les plantes médicinales à des séances d'acu-

---

1. Organes qui permettent l'excrétion des déchets (foie, reins, pancréas, peau...).

puncture. Ces plantes peuvent même être utilisées dans certains cas par mésothérapie.

Mais l'association majeure et souhaitable est celle qui allie Phytothérapie et Nutrithérapie.

La Nutrithérapie est l'appellation récente d'une approche thérapeutique qui consiste à essayer de maintenir ou de rétablir l'équilibre cellulaire à partir des éléments dits « essentiels ». Les éléments essentiels sont ceux que notre organisme ne peut pas synthétiser (fabriquer). Nous devons nous les procurer par un apport extérieur. Ce sont :
— les vitamines ;
— les minéraux (oligo-éléments) ;
— les acides aminés ;
— les acides gras polyinsaturés (que l'on retrouve dans les huiles de poisson).

La nutrithérapie ramène cet équilibre certes par une alimentation adéquate, mais cette dernière est souvent difficile à suivre ou insuffisante chez les personnes soumises à des agressions fréquentes. D'où l'intérêt d'une complémentation alimentaire.

Certains complexes associent maintenant ces quatre variétés d'éléments essentiels en une seule capsule, ce qui rend beaucoup plus pratique à l'usage et beaucoup plus économique leur utilisation.

La Phytothérapie et la Nutrithérapie associées constituent une des meilleures approches de la médecine de terrain.

3) Les différents éléments que j'ai indiqués dans ce livre sont le fruit de longues recherches scientifiques dans le domaine de la pharmacologie, de la galénique, etc. Les propriétés indiquées pour les plantes ne sont pas celles seulement qui nous viennent de la tradition. Les plantes connues depuis plusieurs milliers d'années, pour beaucoup d'entre elles, ont fait l'objet de nombreuses études qui ont permis d'isoler les principes actifs, permettant ainsi de confirmer ou d'infirmer l'activité pressentie et de comprendre ces propriétés.

Si, au cours des siècles, des indications abusives ont pu

être attribuées à certaines plantes, il n'en demeure pas moins que des monuments thérapeutiques ont été écrits. Qu'il me soit permis de citer quelques-uns de leurs auteurs. Ils ont laissé des livres qui ont très longtemps servi de base et de référence et qui continuent à le faire, encore maintenant, pour certains d'entre eux :

— Dioscoride (Ier siècle de notre ère) a écrit le fameux *De Materia Medica* ;

— le médecin grec Galien (IIe siècle), appelé le « Père de la Pharmacie », a marqué au moins quinze siècles de l'histoire de la médecine et de la pharmacie ;

— Avicenne, philosophe et médecin perse né en 980, l'un des génies de l'Orient, appelé le « Premier des Sages », a écrit le *Canon de la médecine* ;

— Maïmonide, médecin, théologien et philosophe juif de Cordoue, né en 1135, a laissé une œuvre monumentale sur les plantes et était considéré comme un des meilleurs médecins de son époque ;

— l'École de Salerne, très réputée, du XIe au XIVe siècle, a publié en particulier vers 1066 le « Régime de Santé de Salerne », qui s'est très vite répandu dans le monde, mettant l'accent sur les vertus curatives d'un très grand nombre de plantes, en particulier la Sauge ;

— plus près de nous, signalons que la première moitié de notre siècle a été extrêmement fertile. De grands médecins, comme le doyen Léon Binet, le docteur Henri Leclerc, le professeur André Lemaire, ont contribué, par leurs travaux, leurs observations cliniques, leurs expérimentations, à débroussailler les propriétés des plantes et à nous laisser un matériel thérapeutique extrêmement valable ;

— les pharmaciens également, tels Javillier, Mascré, Louis Planchon, qui fit paraître un *Traité de matière médicale* en 1906, et son successeur Émile Perrot, qui tint la chaire de Matière Médicale à la faculté de Pharmacie de Paris jusqu'en 1937.

Cependant, les plantes aussi, mal employées, savent être dangereuses, au moins pour certaines d'entre elles. C'est pourquoi les médecins doivent absolument reprendre en main une thérapeutique qui risque de tomber sans cela entre celles des charlatans exploitant la crédulité du public, ou simplement entre celles d'amateurs qui pourraient utiliser les plantes sans discernement et surtout, ce qui est beaucoup plus grave, sans savoir porter un diagnostic.

D'aucuns nous demanderont pourquoi nous préférons avoir recours aux extraits de la plante complète, plutôt qu'à son ou ses principes actifs synthétisés. L'activité totale d'une plante n'est pas celle de la somme des activités de ses principes actifs pris isolément. L'activité totale est presque toujours supérieure et souvent différente, et nous avons constamment noté que plus nous purifions les substances extraites, moins l'efficacité est importante.

J'en citerai pour preuve l'exemple de l'Eucalyptus : cette plante a un léger effet hypoglycémiant qui est bien connu lorsque l'on se sert de la plante entière. Mais si l'on utilise seulement ses principes actifs synthétisés, pris un à un ou tous ensemble, on ne reproduit pas cet effet hypoglycémiant.

Il faut se rendre compte également que la drogue végétale est le plus souvent mieux tolérée par notre organisme que les substances de synthèse.

Le monde végétal offre des ressources inépuisables. Nous n'en connaissons malheureusement qu'une infime parcelle. Le professeur Husson, directeur de recherches au C.N.R.S., a insisté il y a quelques années au cours du Salon international des techniques et énergies du Futur, sur la place que prendront les médicaments phytochimiques d'ici l'an 2000. Nous devons, chaque fois qu'il sera possible, pratiquer une étude complète des effets de ces plantes et les énormes progrès de la Science doivent nous faire tenir compte :

— de la chronotoxicité : certaines drogues ont un effet plus toxique selon les heures de la journée ;

— de la chronopathologie : certaines heures sont favorables à l'éclosion de maladies ou au déclenchement de crises comme l'asthme ;

— de la chronopharmacologie enfin : on doit déterminer le moment où le médicament agit le mieux, permettant ainsi une dose minimale.

Nous devons également, au moins pour les plantes

majeures, nous efforcer d'apporter confirmation de leurs propriétés par des expérimentations valables, faites en double aveugle, en milieu hospitalier, comme celle qui a été faite à notre demande pour l'Harpagophytum dans un grand Service de rhumatologie parisien.

Tout ceci nous montre bien que nous sommes très loin des concepts moyenâgeux que peuvent évoquer quelques détracteurs et je salue au passage l'objectivité dont font preuve, de plus en plus nombreux, des médecins hospitaliers vis-à-vis de ces approches thérapeutiques.

4) Comme vous avez pu le remarquer, je n'ai évoqué dans ce livre que les possibilités thérapeutiques par les plantes médicinales, visant les affections courantes. À aucun moment, je n'ai parlé de plantes pouvant être utilisées dans les cancers, les leucémies, la maladie de Hodgkin ou autres affections de ce type.

En effet, je suis de ceux qui s'opposent farouchement au fait de faire croire à des patients malades qu'ils peuvent être guéris par telle ou telle plante alors qu'ils sont atteints d'une maladie très grave ne leur laissant que peu d'espoir. Susciter une fausse espérance peut avoir les pires conséquences lorsque le malade s'aperçoit qu'il ne s'agissait que d'un leurre. Cela peut entraîner à abandonner les thérapeutiques et même pousser certains au suicide.

Je tiens cependant à souligner que Phytothérapie et Nutrithérapie ne sont pas bien sûr inutiles dans ces affections graves. Elles peuvent être utilisées comme complément aux thérapeutiques « classiques » pour améliorer le terrain et les réactions générales au traitement ; mais en aucun cas, il ne faudra abandonner les thérapeutiques dont le protocole est maintenant bien établi (chimiothérapie, etc.).

D'ailleurs, je me dois de signaler que les chercheurs scientifiques étudient un certain nombre de plantes pour mettre en évidence des principes actifs qui auraient des propriétés anti-tumorales. Je me réfère ici à l'Association pour la recherche sur le cancer qui, dans le numéro 4 de son magazine *Fondamental*, publie un article fort intéressant intitulé « Les médicaments d'origine naturelle ». Je reprends ici quelques indications données dans cet article :

— d'une éponge, Cryptotethia crypta, on a isolé la sporgouridine dont on a tiré l'ARA-C, utilisé contre la leucémie ;

— le Celiptium, médicament contre le cancer du sein, provient de l'ochrosia elliptica, arbuste de la Nouvelle-Calédonie ;

— la Ciclosporine, un des plus grands médicaments de ces dernières années, fut découverte par un chercheur dans une poignée de terre ramenée de Scandinavie ;

— les Euphorbiacées (Ricin, Manioc) contiennent des anti-inflammatoires ;

— les Papavéracées (le Pavot) contiennent des alcaloïdes bien connus comme la morphine ;

— une variété de Pervenche était utilisée par les Malgaches comme coupe-faim lors de leurs longs voyages en mer. Les études scientifiques n'ont pas apporté de confirmation valable à cette propriété. Mais par contre, les chercheurs testant les 80 alcaloïdes de cette plante sur les rats ont pu remarquer que deux d'entre eux (la Vinblastine et la Vincristine) diminuaient considérablement le nombre de globules blancs. Depuis, ces produits sont utilisés avec beaucoup d'efficacité sur certaines formes de leucémies.

Nous n'avons étudié qu'une infime partie des plantes existantes. Un travail immense reste à faire.

Je terminerai en insistant sur l'importance de la phytothérapie dans la thérapeutique moderne et en soulignant qu'à l'instar de Monsieur Jourdain faisant de la prose, nombreux sont ceux qui font de la phytothérapie sans le savoir.

Il serait déplacé de mentionner ici les noms de certains médicaments fabriqués par les grands laboratoires industriels. Rappelons seulement qu'un des produits les plus utilisés pour la circulation est un extrait de *Ginkgo biloba* ; que les deux remèdes les plus efficaces dans l'adénome de la prostate sont, l'un, un extrait liquide stérolique de *Serenoa repens* (Palmier de Floride) qui inhibe le métabolisme des hormones sexuelles mâles au niveau de la prostate, et l'autre, un complexe extrait du *Pygeum africanum* (Prunier d'Afrique); que l'un des médicaments les plus utilisés pour les troubles cérébraux de la sénescence est le résultat des études sur une variété de Pervenche.

En fait, une grande partie de nos médicaments « allopathiques » proviennent de plantes telles que la Digitale, l'Aubépine, la Colchique, le Saule blanc, le Quinquina, etc.

Mon souhait serait que l'on cesse d'opposer la médecine allopathique (souvent dite officielle parce que enseignée dans les facultés) aux autres approches thérapeutiques. Certes, il faut « faire le ménage », éliminer les charlatans, tenir compte des rapports de l'Académie de Médecine. Mais il ne faut pas oublier que la Médecine est Une, et que ces approches thérapeutiques multiples font partie d'un grand Tout.

Je pense intéressant d'achever ce livre en reprenant cette pensée du grand philosophe américain William James, citée par le professeur Diopmar, Doyen honoraire de la faculté de médecine et de pharmacie de Dakar, à l'occasion de sa cérémonie de réception comme docteur *honoris causa* de l'université François Rabelais de Tours :

« Toute doctrine traverse trois états : on l'attaque d'abord en la déclarant absurde. Puis on admet qu'elle est vraie, évidente, mais insignifiante. On reconnaît enfin sa véritable importance et ses adversaires revendiquent l'honneur de l'avoir découverte. »

Adresses utiles

L'Association de défense des consommateurs de plantes médicinales, 19, rue Milton, 75009 Paris.
L'Association (présidée par le Dr Roger Moatti) publie trois ou quatre fois par an un bulletin, réservé à ses adhérents, sur les plantes médicinales, qui offre en dernière page la liste des publications intéressantes en phytothérapie et oligothérapie. Elle distribue également (*uniquement à ses adhérents*) une liste des médecins pratiquant la phytothérapie et l'oligothérapie, classés par département. Enfin, elle fournit tous renseignements à ses adhérents sur certaines plantes ou oligo-éléments.

Prévention et Bien-Être, 13, rue Fortuny, 75017 Paris.
Cette association a pour but de conseiller *ses adhérents* (par l'intermédiaire de son médecin conseil) sur les éventuels examens à faire, dans le cadre de la prévention des maladies cardio-vasculaires essentiellement.
Elle s'occupe également de faire pratiquer des dosages des oligo-éléments. Ces dosages, effectués sur un échantillon de cheveux, sont faits par des équipes prestigieuses de biochimistes. À la demande, les résultats peuvent être interprétés par le médecin-conseil de l'Association.

Edicardio, 9 rue Laborde, 75008 Paris.
La Fédération française de cardiologie édite à cette adresse un certain nombre de publications et en particulier la revue *Cœur et santé*.

Table

Préface du Pr Maurice Jacob 9

Introduction 13

Qu'est-ce que la phytothérapie ? 19
    Une douceur trompeuse 22
    Nécessité du diagnostic 24
    Les formes galéniques 26
    Tisane « confort » ou médicament ? 27
    La poudre 30
    Les extraits fluides 32
    La gemmothérapie 32
    Les teintures mères 32
    Formes moins usitées 33
    L'aromathérapie 35
    Comment utiliser les essences ? 38

L'utilisation des plantes médicinales 45

MALADIES DE L'APPAREIL DIGESTIF 49
    Estomac 50
    Aérophagie 50
    Gastrites 52
    Hoquet 54
    Nausées, vomissements 55
    Ulcère de l'estomac 56

Intestin - côlon - rectum 58
Aérocolie 58
Constipation 59
Diarrhées 61
Colites, entérites, entérocolites 62
Recto-colite hémorragique 64
Parasites intestinaux 65

Foie - vésicule biliaire 68
Insuffisance hépatique 68
Hépatite virale 70
Cirrhose 71
Cholécystite (inflammation de la vésicule biliaire, aiguë, chronique) 73
Lithiase biliaire (calculs de la vésicule biliaire) 76

MALADIES DE L'APPAREIL CARDIO-VASCULAIRE . 79

Cœur et artères 80
Athérosclérose 80
Troubles du rythme (palpitations) .... ‹ 82
Acouphènes (bourdonnements, sifflements d'oreille) 84
Hypertension artérielle 86
Hypotension artérielle, vertiges, états de fatigue 88
Angine de poitrine 89
Infarctus du myocarde 90
Insuffisance vasculaire cérébrale 92
Artériopathies des membres inférieurs (artérites) 93

Veines 95
Varices 95
Ulcères variqueux 97
Phlébites 97
Hémorroïdes 99

MALADIES DES BRONCHES ET DES POUMONS 103

Toux (irritation spasmodique) 104
Bronchites aiguës 105
Bronchites chroniques 107
Enrouement 107

Asthme, emphysème 108

MALADIES DES VOIES URINAIRES 113

Coliques néphrétiques et lithiases rénales (calculs rénaux) 114
Cystites aiguës 116
Cystites chroniques 117

MALADIES DE L'APPAREIL GÉNITAL DE L'HOMME 119

Infections : prostatite, urétrite, orchi-épididymite 120
Adénome de la prostate 121
Asthénie sexuelle 122

MALADIES DE L'APPAREIL GÉNITAL DE LA FEMME 125

Règles douloureuses 126
Pertes blanches (leucorrhée) 127
Frigidité 129
Syndrome prémenstruel (SPM) 129

MÉNOPAUSE 133

GROSSESSE 139

Nausées et éructations 140
Troubles circulatoires veineux 141
Vergetures 141
Insomnies 142

MALADIES RHUMATISMALES 145

Rhumatisme articulaire aigu (maladie de Bouillaud) 146
Arthrose 148

MALADIES DE LA PEAU ET DES PHANÈRES 153

Acné 154
Mycoses 156
Psoriasis 157
Zona 159

Eczéma	160
Herpès	162
Prurit	163
Abcès (chauds et froids)	164
Furoncle, anthrax	166
Panaris	168
Piqûres d'insecte	169
Brûlures	170
Contusions	171
Coups de soleil	172
Couperose	173
Dartres (pytiriasis)	174
Engelures	175
Taches de rousseur	176
Verrues	176
Chutes de cheveux (alopécies)	177

MALADIES DU NEZ, DE LA GORGE ET DES OREILLES (O.R.L.) ... 181

Angine, pharyngite	182
Rhinites (aiguës et chroniques)	184
Rhinites allergiques	186
Sinusites (aiguës, chroniques et allergiques)	187
Otite	189
Baisse de l'audition (presbyacousie)	189

MALADIES DES YEUX (ophtalmologie) ... 193

Troubles de la vision	194
Orgelets	195
Conjonctivites	196

STOMATOLOGIE ... 199

Bouche	200
Aphtes	200
Muguet	202

Gingivites et stomatites 204

Dents 206
Caries dentaires... 206
Les douleurs dentaires (névralgies) 207
Abcès dentaires.. 208

TROUBLES « NERVEUX » 211

Spasmophilie 213
Insomnies 215
Dépression 216
Hémiplégie 216

TROUBLES MÉTABOLIQUES 221

Métabolisme du sucre 222
Diabètes 222
Hypoglycémies 224

Métabolisme des corps gras 226
Hypercholestérolémie 226

Autres troubles métaboliques 228
Albuminurie.. 229
Hyperazotémie (élévation de l'urée sanguine) 229
Hyperuricémie (élévation de l'acide urique, goutte) 230

OBÉSITÉ ET MAIGREUR 233

Obésité 234
Maigreur 235

VIEILLISSEMENT 239

Prévention du vieillissement 241
Traitement de la fatigue due à l'âge 242

Troubles de la mémoire (l'amnésie) 243

INTOXICATIONS 245
   Alcool 246
   Tabac 248

Conclusion 251

Adresses utiles... 258